Mitos y fantasía
CUADERNO DE EJERCICIOS

GUÍA COMPLETA DE **DIBUJO**

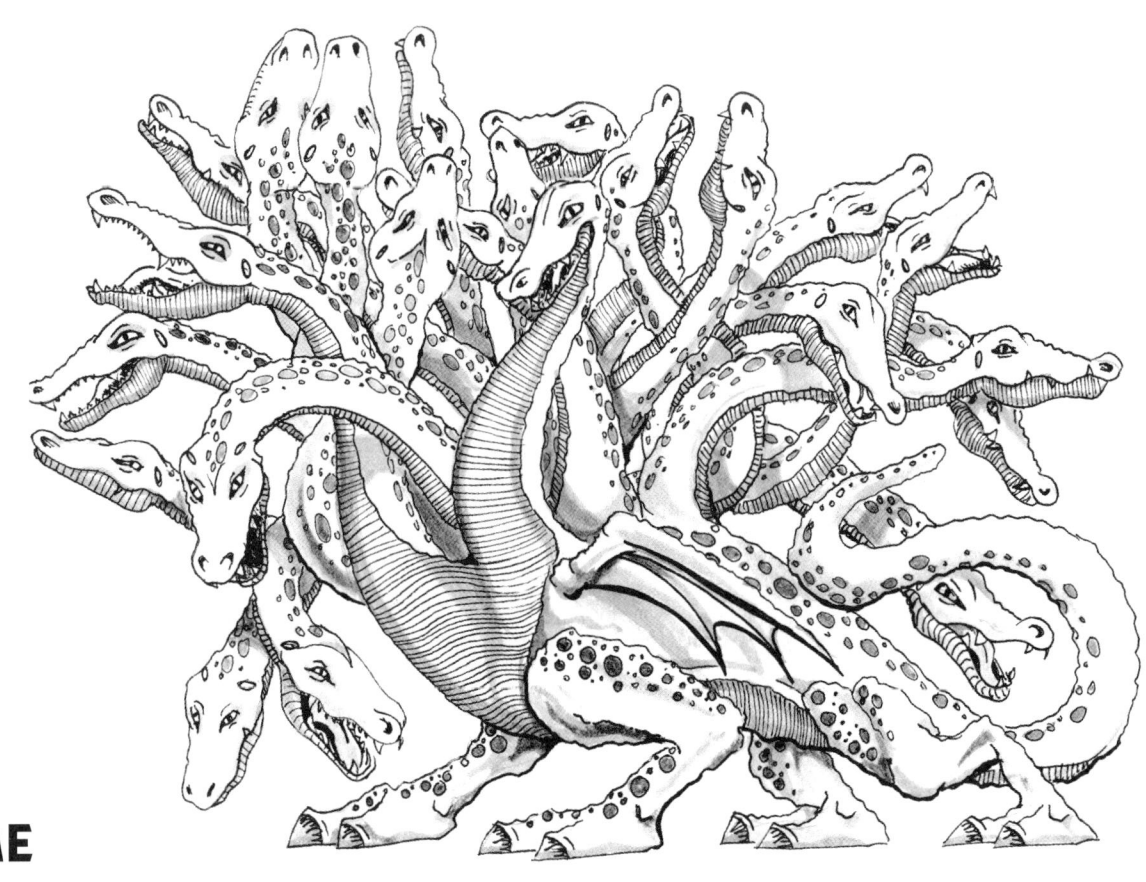

BLUME

CONTENIDO

PRÓLOGO

MITOS Y FANTASÍA. CUADERNO DE EJERCICIOS

En este cuaderno de ejercicios encontrará todo lo que necesita saber sobre cómo dibujar dragones de todo el mundo, héroes sensacionales y fascinantes criaturas de fantasía.

En la sección dedicada a los conceptos fundamentales, dispone de una introducción al dibujo a lápiz así como de una explicación de varias técnicas de sombreado que le ayudarán a lo largo del camino. También aprenderá a construir personajes inusuales y a combinar distintos rasgos y texturas para elaborar emocionantes criaturas mitológicas.

Cada proyecto le guiará paso a paso para lograr el personaje de fantasía por el que opte. Y lo mejor de todo es que podrá dibujarlo directamente en el propio libro.

¡Disfrute dibujando!

Conceptos fundamentales
Formas de sombrear

Tipos de líneas

A la hora de dibujar líneas, no siempre hace falta tener la punta afilada. De hecho, hay veces en las que una punta roma puede servirnos para crear efectos más deseables. Cuando usamos minas de diámetros mayores, el efecto de una punta roma se hace más perceptible. Pruebe a usar los lápices para familiarizarse con los distintos tipos de líneas que se pueden hacer con ellos. Realice todos los trazos que se le ocurran tanto con una punta afilada como con una roma. Practique los siguientes tipos de trazos para soltarse.

Cuando se ponga a experimentar, verá que algunos de sus garabatos le evocarán ciertas imágenes o texturas. Puede que unas pequeñas uves, por ejemplo, le recuerden a aves volando, mientras que las líneas onduladas pueden llevarle a pensar en el agua.

Dibujar con la punta roma

Le recomiendo que a continuación realice estos ejercicios con una punta roma. Incluso si emplea las mismas posiciones de la mano y los mismos trazos, los resultados serán diferentes cuando cambie de lápiz. Observe los siguientes ejemplos. Aunque se han dibujado las mismas formas con ambos lápices, el de punta roma ha producido imágenes diferentes. Para lograr una punta plana, basta con frotar los laterales del lápiz en un bloque de lija e incluso en una hoja de papel.

«PINTAR» CON LÁPIZ

Cuando emplee trazos pictóricos, su dibujo entrará en una nueva dimensión. Piense en su lápiz como un pincel, y deje que el brazo participe más de los trazos. Para lograr este efecto, pruebe a sujetar el lápiz debajo de la mano, sosteniéndolo entre el pulgar y el índice y usando el lateral (*véase* página 11). Si gira el lápiz con la mano cada pocos trazos, no tendrá que afilarlo con tanta frecuencia. Cuanto más grande sea la mina, más ancho será el trazo. Cuanto más blanda sea, más pictórico será el efecto que logre. Estos ejemplos se han realizado sobre papel liso con un lápiz 6B, pero puede experimentar con papeles de grano grueso para experimentar más con las texturas.

Empezar con sencillez En primer lugar, experimente con trazos verticales, horizontales y curvos. Procure que estén muy juntos y empiece aplicando mucha presión. Después, aplique menos con cada trazo.

Variar la presión Cubra la zona al azar con un tono y variando la presión en diferentes puntos. Siga aplicando trazos sueltos.

Usar trazos más pequeños Practique unos círculos pequeños para realizar el primer ejemplo. Este efecto recuerda a la coriácea piel de un animal. Para el segundo ejemplo (*inferior derecha*), utilice trazos cortos en los que alterne entre mucha y poca presión para crear un patrón que se parezca a la piedra o al ladrillo.

Soltarse Utilice trazos verticales largos variando la presión en cada uno hasta que empiece a ver una hierba crecida (*inferior izquierda*). Después, emplee unos movimientos más sueltos para representar el agua (*centro*). Primero, cree con el brazo el movimiento de una pequeña espiral (*inferior derecha*). A continuación, realice un movimiento ondular mientras varía la presión (*inferior derecha*).

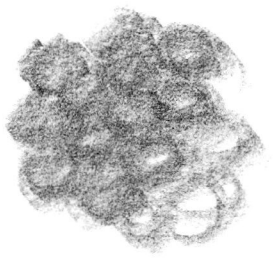

CONSTRUIR CRIATURAS

Abordar un dibujo se convierte en un proceso mucho más sencillo cuando se comienza por descomponer el sujeto en formas básicas o figuras tridimensionales. Y estas sencillas figuras, con un poco de refinamiento, pueden convertirse fácilmente en partes del cuerpo de sus criaturas. En mis dibujos, los cilindros suelen ser las formas subyacentes de las piernas, y los cubos por lo general se convierten en pies (en estos ejemplos hay una demostración de este método de dibujo). He aquí a lo que se reduce el primer paso de todo dibujo: esbozar las figuras y desarrollar las formas. Tras ello, solo es cuestión de conectar y refinar los trazos y añadir detalles.

COMENZAR CON FIGURAS BÁSICAS

Cuando dibujamos el contorno de un sujeto, estamos dibujando su figura. Sin embargo, los sujetos también tienen profundidad y volumen; es decir, forma. Las formas correspondientes a las figuras básicas (los círculos, los rectángulos, los cuadrados y los triángulos) son las esferas, los cilindros, los cubos y los conos. Un balón y un pomelo, por ejemplo, son esferas; una jarra y un tronco de árbol, cilindros; una caja y un edificio, cubos, y un pino y un embudo, conos. Una vez que haya aprendido a desarrollar las formas de las figuras sencillas, podrá dibujar cualquier sujeto.

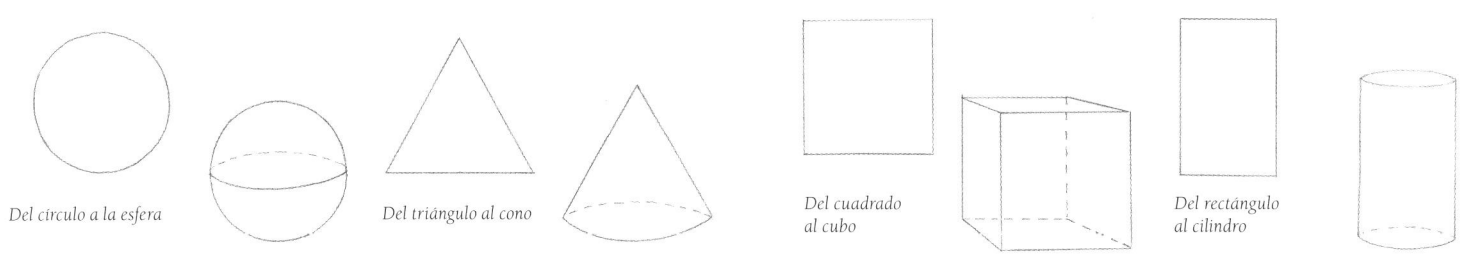

Del círculo a la esfera   *Del triángulo al cono*   *Del cuadrado al cubo*   *Del rectángulo al cilindro*

Transformar las figuras en formas Como verá, he dibujado las cuatro figuras básicas y sus respectivas formas. Pienso en las figuras como en vistas frontales planas de las formas; cuando se inclinan, aparecen como formas tridimensionales. Use elipses para mostrar el reverso del círculo, del cilindro y del cono; para dibujar un cubo, conecte dos cuadrados mediante unas líneas paralelas.

Comenzar con figuras

Este es el aspecto que tendría
el tobillo de un dragón si se
representase solo con formas
geométricas. Uso cilindros para
representar la pata, un círculo
para la bola del pie y figuras
triangulares para las garras.

Sombrear para transmitir profundidad

Al añadir variaciones del valor
(sombrear) a las figuras básicas,
las he dotado de forma. Sin embargo,
no habría ido tan lejos al desarrollar
un dibujo real: este es un paso
intermedio para demostrar de qué
forma el sombreado genera dimensión.

Dibujo final

A continuación, uso las figuras
básicas a modo de guía para
desarrollar el dibujo final, para lo cual
añado detalles y más sombreado.
Aunque mis figuras iniciales han
cambiado, su presencia aún se puede
intuir bajo el sombreado.

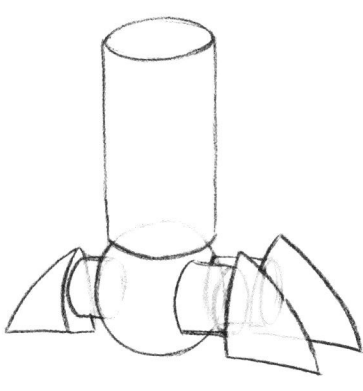
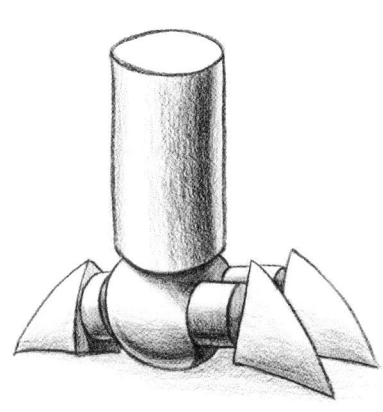
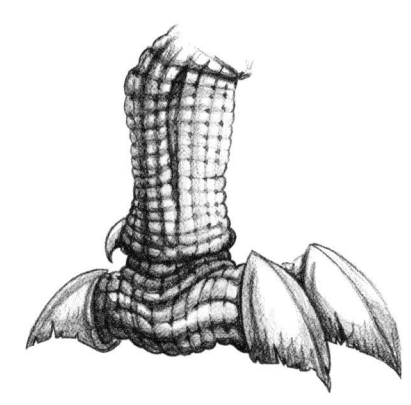

SITUAR LOS RASGOS

Aunque parezca mentira, los dragones y demás criaturas de fantasía tienen las mismas proporciones faciales generales (los tamaños y la colocación relativos de las partes entre sí) que los humanos. La comprensión de las proporciones adecuadas y el uso de las líneas guía de colocación le ayudarán a determinar los tamaños y las ubicaciones correctos de los rasgos faciales de las criaturas que se abordan en este libro. Tanto si está viendo al sujeto de frente, de perfil o con una vista de tres cuartos, las proporciones básicas se mantienen.

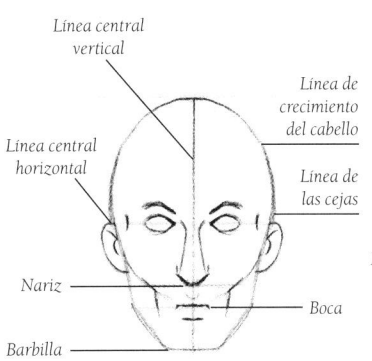

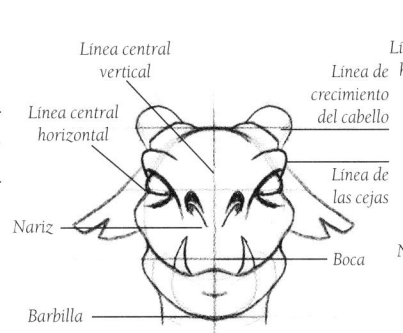

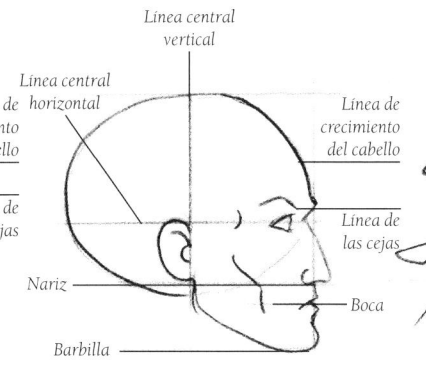

Líneas guía faciales de personas Para localizar las líneas guía faciales, divida la cara por la mitad, horizontal y verticalmente. Vuelva a dividir la parte inferior por la mitad para indicar dónde quedará la base de la nariz. Divida de nuevo para ver dónde estará el labio inferior. La línea de crecimiento del cabello está en un tercio de la distancia que hay de la parte superior de la cabeza hasta los ojos; la línea de las cejas se encuentra justo encima de las orejas. Los ojos están centrados entre la línea central vertical y los lados de la cabeza; además, están separados por el ancho de un ojo.

Líneas guía faciales de dragones La cabeza del dragón sigue las mismas reglas generales de proporción que la cabeza humana, aunque las líneas guía (y los rasgos fáciles) se reparten de una manera un tanto diferente en el dragón. La línea de crecimiento del cabello del dragón, por ejemplo, es más alta, y el espacio que hay entre la base de la nariz y la línea central horizontal es mucho más pequeño que en el humano. Aun así, estas líneas tienen la misma finalidad y funcionan de la misma manera que las líneas de la cabeza humana.

Perfil de humano Al dibujar una cabeza humana de perfil, emplee el gran círculo craneal a modo de línea guía para situar los rasgos faciales. La nariz, los labios y la barbilla quedan fuera del círculo, mientras que el ojo y la oreja permanecen en su interior. Cuando la cabeza se sitúa de perfil, las líneas guía faciales mantienen las mismas posiciones que en la vista frontal.

Perfil de dragón Utilice un círculo craneal más pequeño para la cabeza, ya que los dragones no tienen el cerebro tan grande como el de los humanos. La nariz y la boca quedan fuera del círculo, mientras que el ojo permanece dentro de este. La oreja comienza dentro del círculo, pero, como las orejas de los dragones tienden a ser más largas y grandes que las de los humanos, se prolongan más.

COMBINAR REFERENCIAS

La mayoría de las criaturas mitológicas son amalgamas de animales reales, e incluso de personas. Los dragones, por ejemplo, pueden tener rasgos de serpiente, león, águila, pez y muchos otros animales. Esto nos permite emplear referencias fotográficas para crear los distintos elementos. Puedo, por ejemplo, emplear una referencia fotográfica del ala de un ave y del de un murciélago para dibujar el ala de un dragón. El uso de referencias fotográficas puede ayudarnos a darle realismo a nuestros dibujos de fantasía. Sin embargo, no debemos sentirnos esclavos de nuestro material de referencia: los dragones son criaturas mitológicas, por lo que no es esencial que nos rijamos por una anatomía realista.

Ala de ave

Ala de murciélago

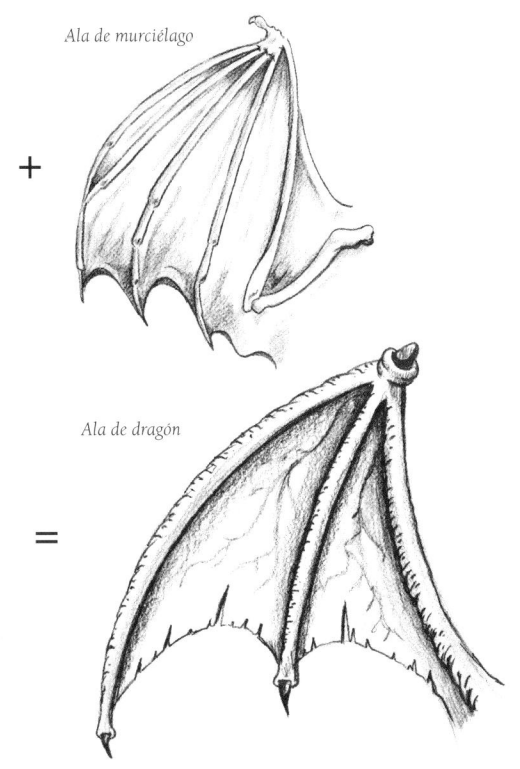

Ala En el ala de dragón (*derecha*) se combinan algunos aspectos de las alas de ave y de murciélago, pero ciertos elementos, como las garras puntiagudas y las pronunciadas venas, hacen que el ala de dragón tenga su propia entidad.

Ala de dragón

Cráneo de chimpancé

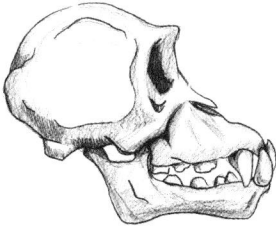

Cabeza de caimán

Cabeza En este ejemplo, fusiono el cráneo de un chimpancé con la cabeza de un caimán para crear un cabeza de dragón. En el resultado se pueden percibir influencias de ambos animales, incluidos el largo hocico y el ojo del caimán y la silueta de la mandíbula y del cráneo del chimpancé. Claro está que también incorporo ciertos elementos de fantasía: las orejas en forma de aleta son imaginación pura.

Cabeza de dragón

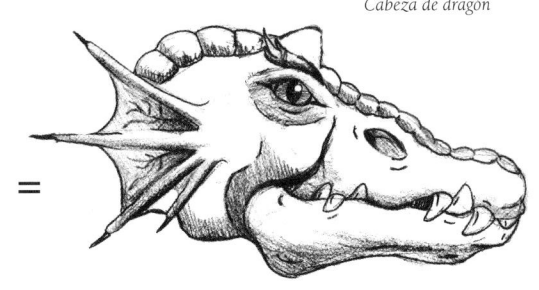

Técnicas de sombreado básicas

El estudio de las técnicas básicas de esta página le permitirá representar distintas texturas en sus dibujos de dragones. Aunque el resultado varía en función del material que se emplee, los métodos son los mismos. El sombreado con carboncillo, por ejemplo, le confiere a los dibujos un aspecto espectacular y muy oscuro, mientras que, si se sombrea con lápiz, el resultado es más sutil y suave. Por otra parte, sombrear con tinta permite un acabado impecable y delicado.

Trama La forma más básica del sombreado es el relleno de una zona con un entramado de trazos paralelos.

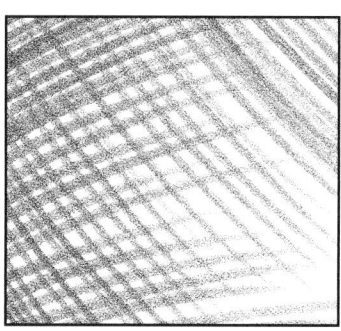 

Trama cruzada Si se quiere hacer un sombreado más oscuro, basta con atravesar la trama con una serie de marcas perpendiculares.

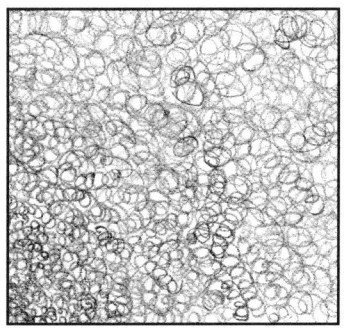 

Trazos circulares Al mover el lápiz en círculos pequeños y apretados, se puede crear una textura idónea para representar una mata de pelo rebelde.

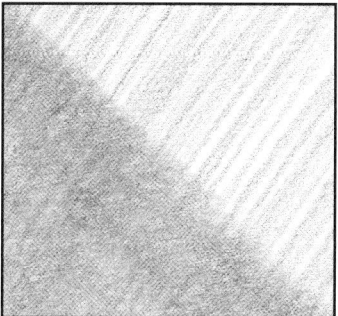

Difuminado Si se quiere obtener un sombreado más suave, pase un pañuelo de papel, un trapo o un difumino por las zonas más fuertemente sombreadas para que, así, los trazos se fundan.

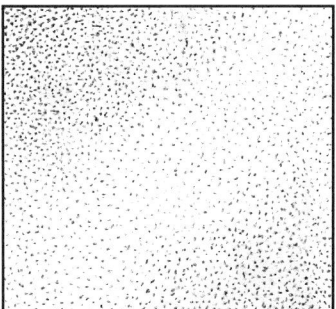 

Punteado Si se aplica una serie de puntos, se puede crear una textura moteada para la piel, las escamas y el pelo; cuanto más densos sean dichos puntos, más oscuro será el tono.

Garabateo Para crear trazos sueltos y espontáneos, mueva el lápiz de una forma rápida y aleatoria.

ESTILOS DE SOMBREADO

Paso 1   *Paso 2*   *Paso 3*

L a mayoría de dibujantes aplican los tonos del oscuro al claro, sombreando primero las zonas más oscuras y, luego, desarrollan todo el dibujo. En lo personal, prefiero refinar una sección cada vez, ya que me ayuda a concentrarme en los rasgos individuales, como la cabeza, los brazos o las piernas. Atender por separado las distintas zonas también me obliga a mover de forma constante la mano alrededor del dibujo, lo que me ayuda a evitar emborronar el grafito. Como puede apreciarse aquí, desarrollo por completo el rostro y la mayor parte del tocado antes de pasar al torso y las piernas; después, remato el torso y las piernas antes de centrarme en las patas, la cola y las alas.

Trazos de tinta En este dibujo por secciones, puede ver cómo cada técnica de sombreado da lugar a un aspecto diferente. En la primera sección, punteo con un rotulador permanente ultrafino para crear sombras dinámicas; para obtener valores más oscuros, aplico los puntos más juntos. Para la siguiente sección, uso un estilógrafo de 0,3 mm para crear marcas de trama muy apretadas que sugieren una textura áspera. En la siguiente sección, elaboro una trama cruzada con un estilógrafo de 0,5 mm para crear el aspecto de las escamas. En la última sección, garabateo con un bolígrafo de punta redonda para crear una textura agrietada.

CREAR TEXTURAS

Las texturas no son entidades que existan por sí mismas: están vinculadas a una forma y sujetas a las mismas reglas básicas que todas las demás formas. Las texturas han de representarse por la forma en que se vean afectadas por la fuente lumínica y deben emplearse para construir la forma en la que se encuentren. La textura no debe confundirse con el patrón, que es el tono o la coloración del material. Rellenar a ciegas una zona con textura no mejorará el dibujo, pero usar la textura para construir una zona de sombra le conferirá a la figura más grande su peso y forma adecuados en el espacio. Debe pensar en la textura como en una serie de formas (o ausencia de ellas) en una superficie. He aquí algunos ejemplos que le serán de utilidad.

Tela La textura de la tela depende del grosor y la rigidez del material. Los más finos tienen más arrugas que se fruncen y se ciñen más a las figuras. A medida que las arrugas se mueven en torno a una forma y se alejan del plano de la imagen, se comprimen y se vuelven más densas (lo cual es un ejemplo de escorzo).

Cabello largo La textura de este, al igual que la de la tela, posee una dirección y un flujo. Sus patrones dependen del peso de los mechones y de los puntos de tensión. El pelo largo se junta en formas más pequeñas: así, basta con tratar cada forma como una subforma propia que es parte de la forma más grande. Recuerde que cada forma se verá afectada por la misma fuente lumínica global.

Escamas Dibujadas como una serie de placas apiladas y conectadas, las escamas se comprimen más a medida que sigan formas que se alejen del plano de la imagen. Empleo una técnica similar para crear armaduras y cotas de malla.

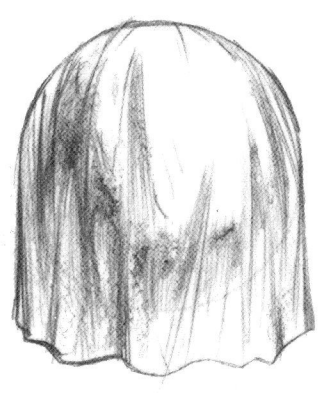

Madera Si se deja en bruto y sin lijar, la madera se compone de líneas arremolinadas. Estas tienen un ritmo y una dirección que deberá observar y transmitir en sus dibujos.

Pelo corto y fino Comenzando por el punto más cercano al espectador, los pelos apuntan hacia el plano de la imagen y se pueden indicar como meros puntos. Al salir y entrar en zonas de sombra, las marcas se vuelven más largas y densas.

Metal El metal pulido es una superficie espejada que refleja una imagen distorsionada de lo que tenga a su alrededor. El metal puede ser desde un tanto opaco, como se muestra aquí, hasta tener una nitidez increíble y ser como un espejo. Las figuras reflejadas serán abstractas y tendrán bordes pronunciados, mientras que la luz reflejada será muy brillante.

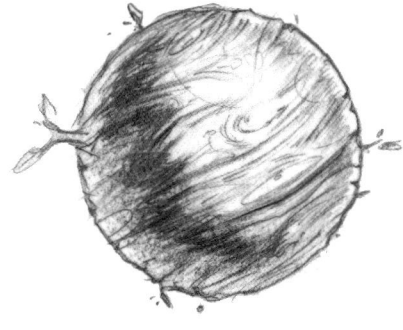

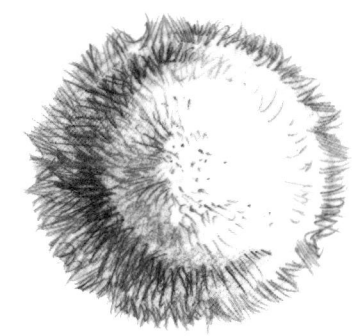

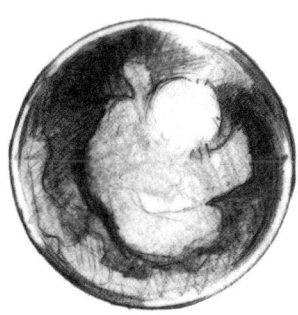

Plumas y hojas Como sucede con el pelo corto, las plumas u hojas rectas son largas y un tanto gruesas. Las formas más próximas al espectador están comprimidas, mientras que las más alejadas del espectador son más largas.

Pelo rizado Con el pelo rizado, es importante seguir el patrón de luces, la sombra principal y la luz reflejada. Los patrones rebeldes e indómitos aumentan la sensación de rastas o de cabello enredado.

Cuerda El conjunto de hebras trenzadas que conforma la cuerda crea un patrón que se comprime a medida que se envuelve alrededor de una superficie y se aleja del plano de la imagen.

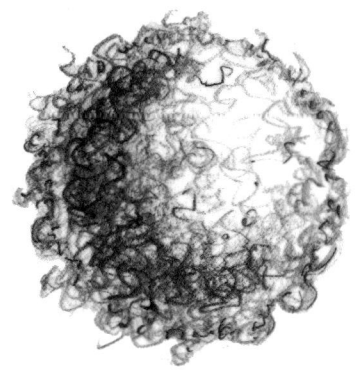

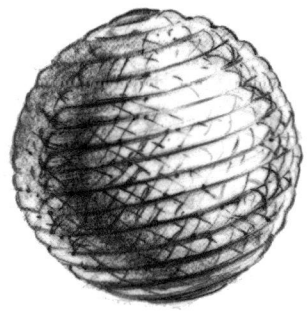

Dragones
Dragón de fuego

Los dragones elementales son aquellos que están relacionados con los llamados «elementos básicos»: el fuego, la tierra, el aire y el agua. Estas criaturas tienden a representar a sus respectivos elementos. El dragón de fuego es el más impredecible de los elementales. Habitante habitual de volcanes inactivos, este dragón es de color rojo, naranja o amarillo. Tiene el cuerpo grueso y pesado, y las patas y la cola son largas y serpenteantes.

1 Comienzo por dibujar el dragón de fuego usando un lápiz 2H y figuras básicas. Empiezo con una figura en forma de S para el cuerpo, añadiendo un círculo y un triángulo para la cabeza. Después, dibujo unas patas cilíndricas y unas manos a base de hexaedros.

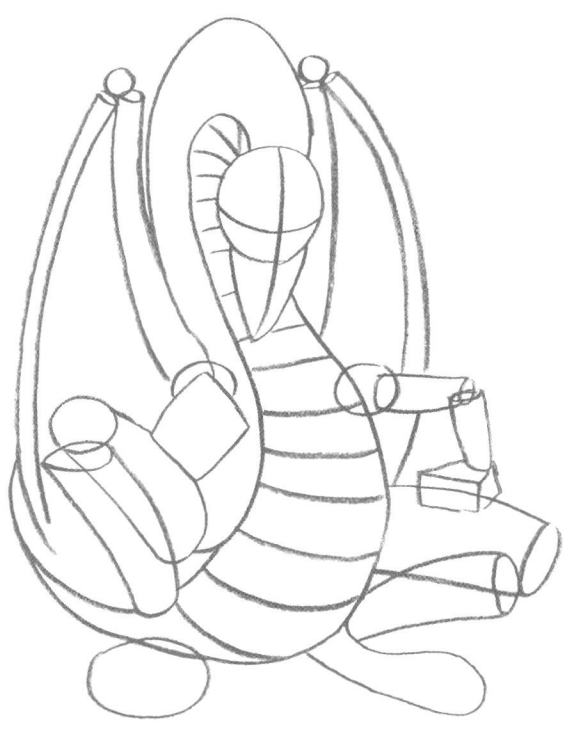

2 Agrego más figuras cilíndricas para conformar las patas y los brazos. Esbozo los pies y las alas mediante unas largas líneas ahusadas y círculos. Incorporo líneas horizontales a lo largo del vientre. A continuación, añado las líneas guía horizontales y las verticales para que me sea más fácil situar los rasgos faciales.

3 Me centro en la cabeza. Añado los dos cuernos curvos y las anchas orejas; después, dibujo los ojos inclinados y el pico, semejante al de un ave, y voy borrando las líneas guía ya que no me hacen falta. A continuación, desarrollo la mano que tiene hacia delante, para lo cual transformo la figura hexaédrica del primer paso en una palma. Dibujo los dedos puntiagudos y los remato con unas garras. Observe que la mano es casi tan grande como la cabeza: se trata de un ejemplo de escorzo, el fenómeno por el cual se distorsiona el dibujo para hacer que ciertas partes del mismo parezcan estar más cerca del espectador que otras.

4 Dibujo las patas musculosas, el brazo, los dedos de la mano izquierda y los largos y puntiagudos dedos de los pies. También añado una curva a cada uno de los segmentos del vientre para que parezca tridimensional. Refino las alas. Defino los pliegues y las hendiduras del rostro con un lápiz HB de punta roma. Empleo un 2B afilado para darle tono a las orejas, los cuernos, los ojos, la nariz y la boca; después, dibujo las manchas de la cabeza.

5 Para ocuparme del cuello y del vientre, empleo un lápiz 2B con el que sombreo a base de finos trazos horizontales. A fin de indicar que la fuente lumínica está a la izquierda, dejo luces en la parte derecha del dragón y, además, voy oscureciendo el valor poco a poco al acercarme a la izquierda y a la parte inferior del vientre.

6 Después, sombreo las alas, la parte posterior del cuello, los brazos y las manos. Dibujo manchas en el cuello y en los brazos; además, añado unas líneas finas y ramificadas para representar las venas del interior de las alas. A continuación, realizo unos breves trazos para crear las arrugas de las manos.

7 Empleo un lápiz 2B para seguir sombreando el resto del cuerpo. Después, dibujo manchas en las patas y en el empeine del pie izquierdo del dragón. Elimino con un borrador artístico todas las líneas de lápiz que queden y, acto seguido, intensifico las zonas más oscuras con un mayor sombreado, tal y como se muestra.

DRAGÓN DE AGUA

Esta criatura, otro dragón elemental, no suele tener patas ni alas, y, por ende, no vuela. De color azul, plateado o verde azulado, este dragón habita en mares, lagos, ríos y otras masas de agua. Se cree que el dragón de agua representa la calma y la fluidez. La mayoría de los avistamientos se han producido en las costas de Escandinavia, las islas Británicas y Dinamarca.

1 Comienzo por usar un lápiz 3H para esbozar el cuerpo del dragón de agua, cuya figura compongo mediante una suerte de espiral.

2 Dibujo un círculo para la cabeza, dentro del cual incluyo una figura hexaédrica para representar la boca y la nariz. A continuación, añado un círculo para el ojo.

3 Usando las líneas del paso anterior a modo de guía, refino la figura general de la cabeza mientras voy borrando las líneas guía que ya no necesito. Relleno el ojo y dejo una luz en su parte superior derecha. Después, dibujo un cuerno curvo, un pincho en parte posterior de la cabeza y los dientes afilados.

4 Comienzo a delinear las secciones de las escamas del dragón. A continuación, añado más pinchos por la cabeza y el cuerpo de la criatura. Le dibujo unas finas aletas a lo largo del cuerpo y otras delanteras, más sólidas, para transmitir la fluidez de sus movimientos.

5 Empleo un rotulador permanente para repasar el contorno de la cabeza, de la parte superior de la boca, de la barbilla y de ciertas partes de la cola. También contorneo los bordes exteriores de las dos aletas delanteras.

7 Le incorporo escamas y sombreado al cuerpo del dragón. Mientras dibujo, pienso en moluscos. Le pongo unas puntas redondas en los extremos de las aletas traseras y las de la cola, tal vez a modo de carnada tentadora para peces desprevenidos.

6 Con este mismo rotulador, sombreo las aletas de la criatura con una trama cruzada. También le añado más pinchos por la parte inferior de la cola; además, sombreo todos los pinchos para que parezcan aletas de tiburón. Contorneo las aletas traseras y les dibujo unas puntas palmeadas. Después, oscurezco el ojo y relleno las narinas.

8 Por último, entinto unas cuantas burbujas para asegurarme de que quede claro que nuestro dragón es de agua. Una vez que la tinta está seca, borro todas las líneas a lápiz visibles.

DRAGÓN DE TIERRA

El dragón de tierra es el más pragmático y sensato de los dragones elementales. Suele ser verde o marrón y habita en montañas y bosques. El dragón de tierra tiende a tener un cuerpo pesado, cuatro patas, alas y un cuello y una cola largos. Es una criatura muy responsable y se toma la vida y la relaciones muy en serio.

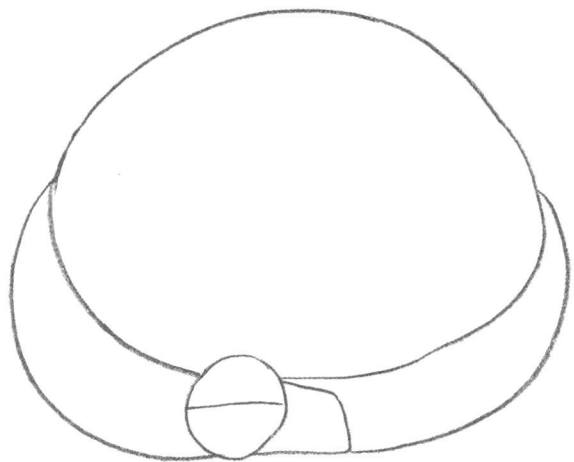

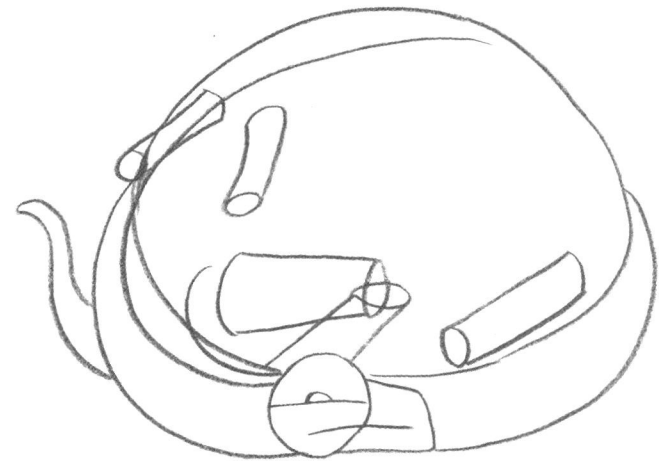

1 Dibujo un gran óvalo con un lápiz 3H para representar el cuerpo. Dibujo un pequeño círculo en la parte inferior de dicho óvalo para la cabeza y, después, añado una figura más o menos cuadrada para encajar el hocico. A continuación, dibujo dos líneas curvas más gruesas fuera del óvalo para representar el cuello y la cola. Dibujo una línea guía horizontal a través de la cabeza para situar los rasgos faciales.

2 Esbozo las formas de las alas y de las patas mediante unas figuras cilíndricas. Además, dibujo un semicírculo en la línea guía horizontal para el ojo y añado otra línea que atraviesa la nariz para, así, sugerir la boca. Después, agrego la punta de la cola.

3 Valiéndome de mis líneas de construcción, refino las figuras para hacer el contorno básico del dragón, al cual le incorporo dos alas que se le pliegan sobre el cuerpo. Añado cuernos al extremo superior de las alas y borro las líneas guía que ya no necesito. Observe el ejemplo a la hora de refinar su propio dibujo.

4 Para encargarme de la cabeza, dibujo una línea curva para el maxilar inferior de modo que este sobresalga sobre el superior. Después, añado el pelo de punta, la nariz y los detalles del ojo. También dibujo una serie de figuras ovaladas para representar los pinchos que tiene el dragón por el cuello y por el lomo.

5 Como quiero que este dragón tenga un valor muy oscuro, opto por usar un bolígrafo negro de punta redonda para aplicar los tonos. Comienzo por las alas, donde aplico un garabateo. La idea en la que se basa esta técnica es semejante a la de la trama: cuanto más cerca estén los trazos entre sí, más oscuro será el tono. Sin embargo, estas líneas se ejecutan de una forma más rápida y aleatoria. ¡Garabatos en todo su esplendor!

6 Sigo aplicando esta trama de garabatos por las extremidades y, además, aplico tono a los pinchos del lomo mientras me aproximo a la cabeza. También le aplico un poco de trama a la parte de abajo del cuello.

7 Continúo aplicando esta trama de garabatos para sombrear el resto del cuerpo del dragón, incluida la punta de la cola. También le añado a la parte trasera de esta unas protuberancias. Según me voy acercando a la cabeza, he de pensar en qué personalidad le quiero conferir a mi criatura. Este va a ser un dragón cansado, viejo y hastiado del mundo. Le extiendo la mata de pelo hasta debajo de la barbilla y empiezo a expresar unos ojos profundos y sombríos.

8 Para terminar, le añado unos sencillos círculos a la piel del dragón para darle una textura más áspera. También intensifico la maraña de pelo que le cubre la cabeza. Después, continúo refinando los rasgos faciales y agrego pliegues y grietas para producir apariencia de desgaste.

DRAGÓN DE TORMENTA

Esta criatura controla el elemento aire, lo que incluye las tormentas y el clima. Suele ser larga y esbelta, y de color azul o amarillo, aunque cambia a rojo, naranja, morado o negro cuando controla las tormentas. El dragón de tormenta representa la flexibilidad mental y la apertura ante las nuevas ideas.

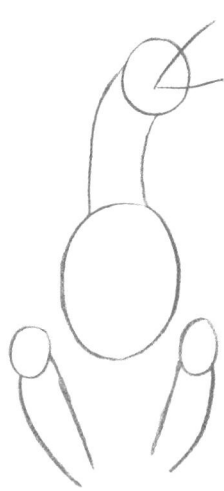

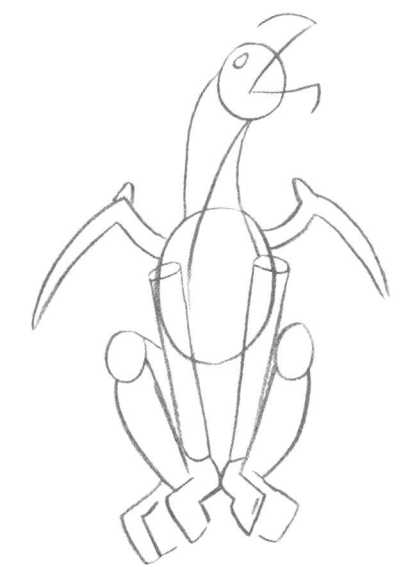

1 Uso un lápiz 2H para esbozar las figuras básicas de las que se compone este dragón de tormenta. Comienzo con un círculo para la cabeza, un óvalo para el cuerpo y dos círculos para las rodillas. A continuación, añado el robusto cuello y la parte inferior de las patas traseras. Sugiero la boca con dos líneas que salen de la cabeza.

2 Sin cambiar de lápiz, dibujo más figuras básicas para seguir desarrollando el cuerpo. Agrego los huesos de las alas, los cuales tienen forma de hoz. Después, incorporo unos pies cuadrados así como las cilíndricas patas delanteras. Dibujo un ojo pequeño y sigo desarrollando las líneas guía para hacer la boca.

3 Dibujo el contorno de las alas en torno a los huesos. Después, refino el rostro. Remato la nariz y la boca, para lo cual añado la lengua enroscada y unos dientes afilados. A continuación, dibujo un arco sobre la nariz e incorporo una narina. También añado el cuerno curvo bajo el ojo.

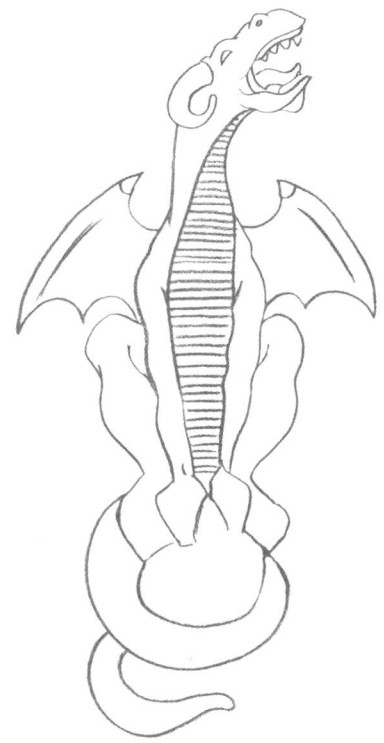

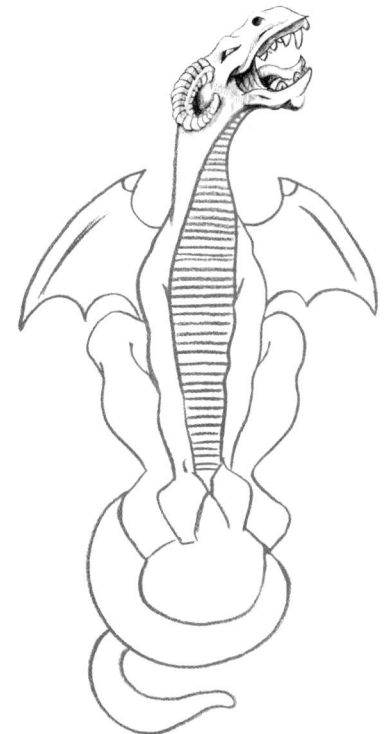

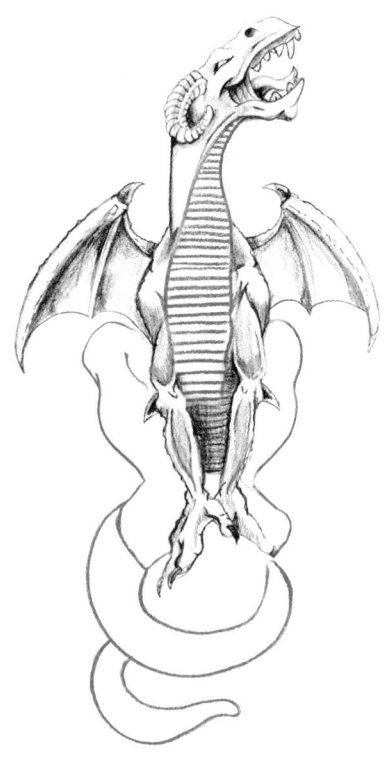

4 Para encargarme del torso, dibujo unas apretadas líneas horizontales bajo el cuello y por el vientre. A continuación, añado la cola, que estará enroscada en torno a una especie de roca de hielo. Valiéndome de la orientación de mis líneas de construcción, refino las figuras de las cuatro patas y de los pies. Después, borro todas las líneas guía que ya no me hagan falta.

5 Para encargarme de la cabeza, refino las figuras y uso un lápiz 2B para añadir los detalles. Sombreo la lengua de modo que se vuelva más oscura hacia la parte más interna de la boca. Le añado unas líneas al cuerno y sombreo su parte inferior. También oscurezco la narina y el ojo; además, sombreo la zona que rodea la mandíbula.

6 Sin dejar de usar el 2B, dibujo y después sombreo en torno a las rugosidades de las alas para, así, transmitir sensación de profundidad. A continuación, sombreo las patas delanteras, a cuyos codos les incorporo unos afilados pinchos que replican la figura de las alas. También oscurezco las garras.

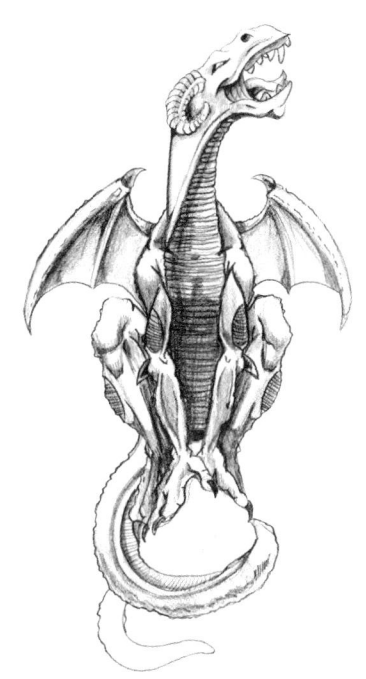

7 Sombreo alrededor de las líneas del cuello y del vientre. A fin de crear una textura oscura y estriada, le añado tono a las patas; además, repito esta textura en zonas de la piel. Hago que las patas traseras tengan un aspecto nudoso y que estén dobladas. Después, le aplico tono a la cola, donde dibujo unas rugosidades más claras y sueltas.

8 Le añado unas rugosidades verticales a la cara interna de las alas y, además, profundizo el tono de las garras. Acabo de aplicarle tono a la cola; al hacerlo, procuro que los valores más oscuros estén a la izquierda para, así, indicar que la luz procede de arriba a la derecha. Por último, incorporo el lugar donde está perchada la criatura, que parece un bloque de hielo resquebrajado. Sombreo este elemento en torno al cual está enroscada la cola; además, oscurezco zonas generales del dragón que creo que necesitan un énfasis adicional, como el centro del torso y el interior de las alas.

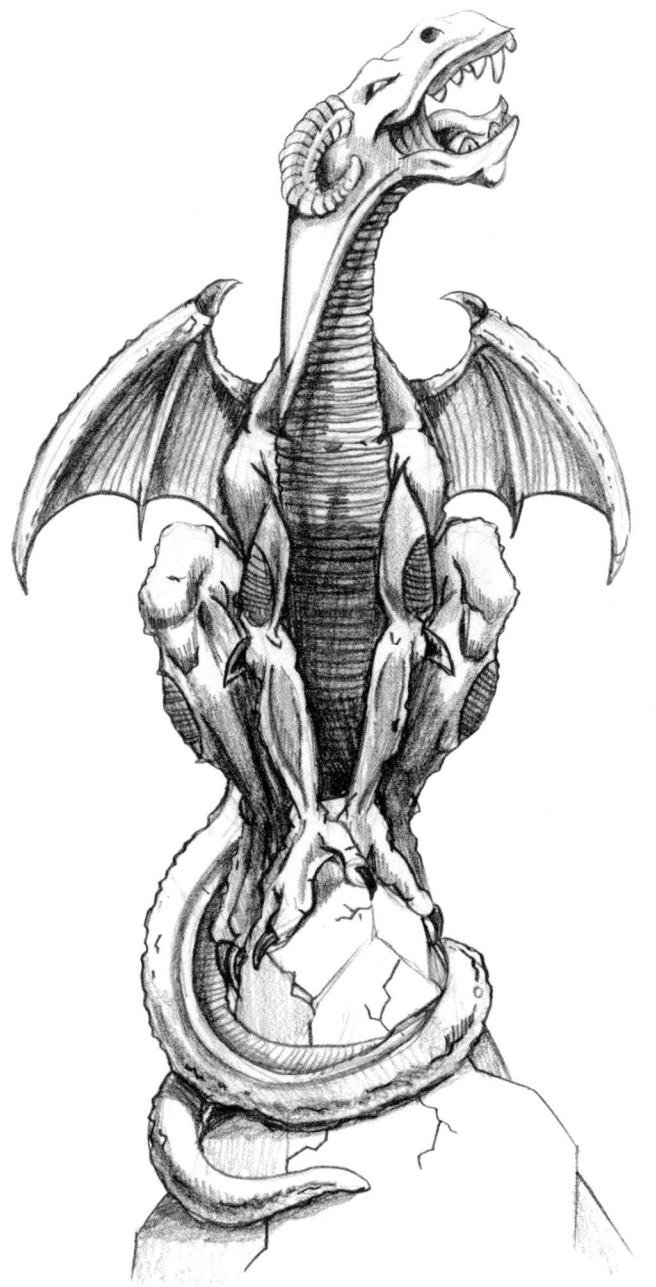

Cría de dragón

No debemos confundir a la cría de dragón con un dragón adulto en miniatura. Al grupo de huevos de dragón se le llama nidada.

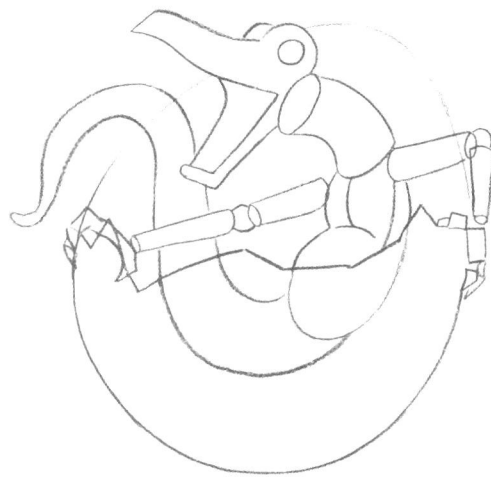

1 Lo primero que hago es esbozar el óvalo del huevo de la cría de dragón. Pese a que sé que la mayor parte de su figura cambiará, dibujarla por completo me ayuda a determinar correctamente las proporciones. Empleo un lápiz 2B para crear la forma de la cría de dragón a base de figuras básicas. Este esbozo hará las veces de plano que me ayudará a lograr una interacción verosímil entre la cría de dragón y su entorno.

2 Una vez que estoy conforme con dicho plano, borro las líneas guía. A continuación, refino el cuerpo. Hago que el hocico puntiagudo recuerde al de un caimán, y dibujo una lengua enroscada y unos dientes afilados. Le confiero a mi criatura un pecho como el de un ave y le dibujo unos brazos largos y delgados con manos de garra. Después, agrego las zonas de líquido pegajoso que le dan a la cría de dragón ese aspecto de recién nacido.

3 Me paso al lápiz 2B para sombrear y refinar a la cría de dragón. Primero añado los detalles del rostro, para lo cual acentúo las rugosidades que tiene en torno a la boca y al ojo. Después, sombreo el iris y la gran pupila. Para dotar de textura el cuerpo, uso unas líneas horizontales cerca del cuello y unas líneas curvas a través del pecho y del vientre. A continuación, sombreo la cola y las puntiagudas garras; además, le añado un pincho afilado en el codo.

4 Desarrollo el cascarón y el líquido embrionario que cubre a la cría de dragón. En primer lugar, le añado un tono gris claro al interior del cascarón. Luego le añado unas manchas ovaladas al exterior del huevo, refino algunos de los trozos del cascarón rotos en el suelo y le agrego luces al líquido. Procuro que el sombreado del huevo sea más claro que el de la cría de dragón para que, así, el huevo no desvíe la atención de la criatura. Por último, utilizo una gota de líquido corrector para crear luces en el ojo y en los dientes inferiores.

LINDWORM

El *lindworm* es un dragón con patas y alas pero sin brazos. Esta gran criatura, célebre por comer ganado, fue considerada un símbolo de la guerra entre los antiguos europeos. Pese a contar con alas, este ser no suele volar.

1 Uso un lápiz 3B para encajar las figuras básicas de la cabeza, el cuello, el cuerpo, la cola, el hueso del ala y parte de las patas.

2 A fin de perfeccionar mis figuras iniciales, refino la cabeza y añado el hueso del ala más alejada, el muslo y el pie. Observe que la cabeza y el pie recuerdan en esta fase del dibujo a un gallo.

3 Para desarrollar la cabeza, transformo las figuras triangulares del paso 2 en dos cuernos; además, dibujo dos líneas rectas dentro del ojo para representar los párpados. Desarrollo la figura de la mandíbula y, además, añado unos minúsculos y afilados dientes y la lengua. A continuación, agrego la nariz.

4 Empleando las figuras básicas, refino el cuello, el cuerpo y las patas. Si bien las patas son finas, los pies son enormes y los muslos están muy musculados. Dibujo la gran ala semejante a la de un ave y que se superpone a la cola y, después, añado los pinchos que tienen las alas en la punta. Mientras tanto, voy borrando mis líneas guía.

5 Para hacer que el *lindworm* parezca salir del papel y acercarse al espectador, opto por un estilógrafo de 0,2 mm con tinta resistente al agua a fin de darle vida a mi dibujo. Repaso el boceto a lápiz y voy borrando las líneas de este cuando la tinta está seca por completo.

6 Sombreo a base de trama ciertas zonas del cuello, las alas, el torso, las patas y la cola del dragón. Después, empleo la trama cruzada para las zonas más oscuras, tales como la sombra propia que recorre el cuello.

7 Para los tonos más oscuros, sobre todo en las alas y en la parte inferior del vientre y la cola, sigo con la trama cruzada. A continuación, elaboro un sencillo garabateo en zigzag a lo largo del vientre. Para poder distinguir el vientre de otras partes del dragón, ejecuto dicho garabateo zigzagueante con ligereza, de modo que la línea se interrumpa y se desvanezca.

8 Por último, oscurezco las zonas alrededor de las garras de los pies, las hendiduras del ala y los detalles faciales. Hago que las puntas de las alas sean de un negro puro. Después, oscurezco la trama que recorre la parte inferior de los pies, el interior de las alas y la parte inferior del vientre.

WYVERN

El *wyvern*, emparentado con el *lindworm*, es una vigorosa bestia carnívora con dos patas, alas de murciélago y una cola con púas. Carece de brazos. Gozó de popularidad como emblema heráldico en la Edad Media.

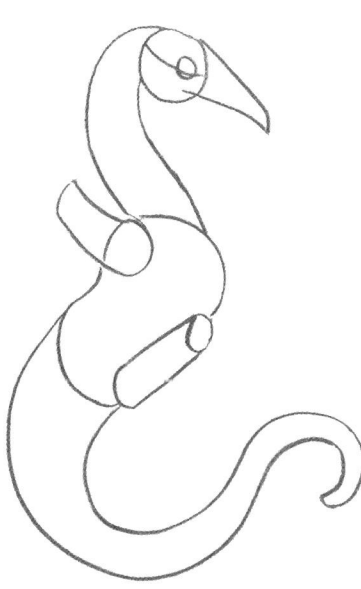

1 Uso un lápiz 3H para esbozar las figuras básicas de las que se compone el *wyvern*. Valiéndome de una línea guía facial horizontal, ubico el ojo. Después, dibujo el pico puntiagudo y la cola, que tiene forma de látigo.

2 Siguiendo con las figuras básicas, añado dos alas grandes y angulosas, un par de patas enroscadas y pinchos a lo largo de la cabeza y al final de la cola. Le añado una oreja con forma de aleta que recuerda a las alas. A continuación, dibujo el maxilar inferior y añado la lengua larga y enroscada. Refino un poco el ojo y agrego una gran narina.

3 Para encargarme de la cabeza, prolongo el ojo e incorporo los pequeños y afilados dientes. Modifico un tanto la figura de la lengua y hago que sea bífida. Refino los pinchos que hay sobre la cabeza y añado unas protuberancias en la zona de la piel de la que brotan. Después, refino un poco la oreja.

4 Partiendo de la estructura inicial de mis alas, defino y conecto la base del ala con el cuerpo. A continuación, refino las patas y empleo las figuras básicas para desarrollar sus formas. Le añado una garra al pie y, después, trazo una línea para delimitar la parte delantera de la cola. A continuación, borro las líneas que ya no necesito.

5 Como quiero darle un aire elegante y sutil a este dragón, diluyo un poco de tinta china para hacer una aguada, aplicándola por todo el cuerpo con un pequeño pincel plano. Dejo que se seque esta capa y, a continuación, aplico otra aguada sobre el vientre y la parte delantera de la cola, así como alrededor de los huesos de las alas.

6 Una vez que la aguada está seca, borro todas las líneas a lápiz visibles. Uso un pequeño pincel redondo para detalles a fin de introducir detalles con una aguada mucho más oscura (en esta ocasión, uso más tinta y menos agua). Uso la aguada oscura con moderación, ya que el negro es muy poderoso: es mucho más seguro empezar con claridad y desarrollar la oscuridad que hacerlo al revés.

7 Sin dejar de usar el pincel para detalles, retomo la aguada de dilución media para «dibujar» unas pequeñas venas por las alas. A continuación, añado los pinchos de la punta de los huesos de las alas; para ello, empleo una tinta menos diluida, la cual también uso para contornear la base de los pinchos de la cabeza. Intensifico el sombreado de la parte inferior de la cola y del vientre; además, uso la misma tinta oscura para contornear la protuberancia curva que recorre el cuerpo y la cola.

8 Valiéndome de una aguada clara, añado unas pequeñas manchas por todo el cuerpo del dragón para indicar una textura escamosa. De esta forma, hago que las zonas más lisas (las alas, los cuernos y el vientre) destaquen aún más. Una vez que la tinta se ha secado, uso un lápiz 3B para dibujar unas líneas curvas por el vientre del dragón y para añadir algún detalle de sombreado. Empleo el mismo lápiz para sugerir una suave sombra que proyecta el ala en la parte superior del muslo y elaboro las nítidas sombras proyectadas de los pinchos de la cola. Tras realizar unos cuantos remates adicionales, el dibujo queda completado.

ANFISBENA

La anfisbena es una serpiente de dos cabezas que se alimenta de hormigas. Este reptil de sangre caliente puede viajar a gran velocidad, ya que se engancha una boca con la otra y rueda como si fuera un aro. La piel de esta criatura cura los resfriados y puede ayudar a los leñadores a talar árboles.

1 Valiéndome de un lápiz 2H, esbozo ligeramente la figura de este dragón. Para ello, añado dos cabezas circulares y les dibujo unas líneas guía verticales a ambas y, además, trazo una figura que puede recordar a una rosquilla.

2 Comienzo a dibujar los rasgos faciales de la cabeza de arriba, para lo cual me oriento por las líneas guía del paso anterior. Agrego dos gruesos cuernos, un par de ojos de botón, una nariz ancha y una boca abierta y repleta de dientes. También sugiero la lengua.

3 Tras haberle añadido unos mechones de pelo a la cabeza superior, empiezo a dibujar la inferior. Le dibujo unos rasgos faciales semejantes, salvo por que esta cabeza tiene la boca cerrada, los cuernos están en horizontal y mira hacia arriba. A continuación, dibujo una línea curva que recorre el cuerpo para separar la parte delantera del lomo.

4 Valiéndome de carboncillo de vid, empiezo a añadir un tono suave y oscuro a los cuernos y al cuello de la cabeza superior, así como a la parte inferior del vientre y a la zona donde la barbilla de la cabeza superior proyecta una sombra en el cuello de la inferior. Después, empleo un lápiz de carboncillo de dureza media para oscurecer los ojos, las narinas y el interior de la boca. Empleo un borrador moldeable para sacar una luz en la pupila. A continuación, empleo el lápiz de carboncillo para añadirle unas manchas al cuello de la cabeza superior.

5 Me paso al carboncillo de vid y sigo dándole tono a la cabeza inferior y lo voy difuminando suavemente con el dedo (dado que el carboncillo se emborrona con facilidad, es de suma importancia no apoyar la mano en el dibujo). Después, oscurezco los ojos de la cabeza inferior con el lápiz de carboncillo y replico las manchas del paso anterior por el resto del cuerpo.

6 Tras desarrollar el tono de la cabeza inferior, también incorporo tonos oscuros a la parte inferior del vientre. Uso un cúter de bellas artes para afilar el lápiz de carboncillo y lo uso para oscurecer con meticulosidad las zonas que lo necesiten. Por último, empleo un borrador moldeable para sacar más luces.

DRAGÓN OCCIDENTAL

Los dragones de la mitología occidental tienen cuatro patas, el cuello largo, el cuerpo grueso y unas alas de murciélago que no les crecen hasta que alcanzan la madurez. La dieta tradicional del dragón occidental consiste en una pieza mensual de oveja, buey o persona. Estos dragones suelen ser criaturas malévolas que escupen fuego, viven bajo tierra y custodian tesoros.

1 Comienzo con un lápiz 2H para construir mi futuro dragón a base de figuras sencillas, tales como cilindros, cubos y conos. Esto me ayuda a entender el espacio real que ocupan estas partes individuales y cómo interactúan entre sí.

2 Sin cambiar de lápiz, desarrollo los contornos en torno a estas figuras básicas. Añado el ojo, los dientes, la barba y los cuernos a la cabeza de cocodrilo de la criatura. Una vez que estoy conforme con mi esbozo, borro las líneas de construcción.

3 Pasándome a un lápiz 2B, comienzo a abordar los tonos. Quiero establecer de inmediato dos texturas: la textura dura y áspera de la piel del dragón y la superficie coriácea y fina de sus alas. Para representar la piel del dragón, me inspiro en un empedrado.

4 Oscurezco el ala del fondo para conferirle un menor contraste y que parezca estar más lejos. A continuación, sombreo la parte de arriba de la cabeza y detallo la pupila, la ceja y la narina. También repaso algunos dientes para oscurecerlos.

5 Mientras sigo sombreando el cuerpo del dragón, añado unas cuantas escamas «agrietadas» que siguen la forma del cuerpo (observe que estas son más pequeñas por el final de la cola que al comienzo de esta, donde la superficie es más amplia). Sombreo el interior de la boca, de modo que el fondo sea la zona más oscura de todas.

6 Sombreo el resto del cuerpo del dragón salvo el vientre. Dibujo unas cortas líneas horizontales que van del inicio del cuello hacia el vientre para indicar con ellas la presencia de protuberancias. Después, sigo dibujando las escamas de las patas delanteras y refino las garras leoninas de la criatura.

7 Remato el sombreado de la parte delantera del dragón y, además, añado más protuberancias horizontales al ir aproximándome al vientre. A continuación, sombreo el interior de las alas y creo sus venas con un lápiz 2B de punta redonda y roma; para detallar estas alas, empleo un 2B muy afilado. Le dibujo unas afiladas garras a tres dedos y sombreo la barba; al hacer esto último, le añado unas líneas curvas para indicar su forma. Por último, elimino las marcas de lápiz sueltas con un borrador de vinilo y lo empleo también para resaltar los dientes y los cuernos.

DRAGÓN ORIENTAL

L os dragones orientales se representan con una melena de plumas, patas de tigre, cuernos de ciervo, garras de águila, escamas de carpa, orejas de toro, ojos de conejo y cuerpo de serpiente. Tradicionalmente, la mayoría de estas criaturas son dragones de agua. Muchos de ellos carecen de alas y no escupen fuego. El poder de esta benévola criatura emana de la perla que sostiene.

1 En primer lugar, uso un lápiz HB para esbozar el cuerpo, incluidos el cuello, que tiene forma de S, el torso contorsionado y la cola fina y curva.

2 Añado las patas delanteras, los pies, la boca y el ojo. A continuación, dibujo un círculo para representar la perla. Observe que, en esta fase, la cabeza de la criatura se parece a la de un pato.

3 Cuando llega el momento de ocuparme de la cabeza, añado los detalles. Dibujo los cuernos en la parte de atrás de la cabeza, la oreja y la melena rala que tiene en un lado del rostro. A continuación, dibujo la gigantesca nariz. Añado los dientes afilados y la gran lengua que tiene dentro de la boca. También extiendo la rizada pelambre que tiene alrededor de la boca y agrego los demás detalles en torno a la nariz, el ojo y la boca.

4 Valiéndome de mis líneas de construcción, refino el resto del cuerpo. Le dibujo unas extremidades cortas y rechonchas y les añado picos de piel en las articulaciones. Después, incorporo las garras y dibujo el pie trasero con el que sujeta la perla. Dibujo unas crestas por el torso y por el envés de la cola; mientras tanto, voy borrando las líneas que ya no necesito.

5 Dibujo un patrón de escamas que comienza por la parte posterior de la cabeza y se extiende hasta la pata delantera derecha del dragón. Como quiero que estas escamas recuerden a las de los peces, uso figuras con forma de U mediana. Comienzo a elaborar áreas de gradación por las escamas con un lápiz 3B. Como este lápiz es muy blando y se puede emborronar con facilidad, trabajo con cuidado y de izquierda a derecha. Después, me paso al rostro y comienzo a sombrear la nariz, en torno a la nariz y por la zona adyacente al pelaje. También sombreo el iris y agrego la oscura pupila, dejando dentro de ella un gran luz.

6 Replico el patrón de las escamas por el resto de la cola, incluida la punta. A continuación, regreso al rostro y sombreo el interior de la boca. Oscurezco los contornos de los dientes para que, así, resulten más prominentes. Después, sombreo el pelaje y las escamas del torso y del envés de la cola. Como quiero que esta zona sea muy brillante, dejo muchas luces en ella.

7 Para conferirle al dragón un patrón de escamas diferente en las extremidades, empleo una sencilla trama cruzada con la que establezco una suerte de bajorrelieve brillante. Replico este patrón por las extremidades delanteras. Después, comienzo a definir la perla. Como la textura de esta difiere mucho de la de las escamas del dragón (ya que en este caso desarrollo los tonos con una gran suavidad), parece suave en comparación con la áspera y escamosa piel de la criatura. Empleo un borrador de vinilo para eliminar las marcas que puedan quedar y limpiar toda la zona alrededor de la imagen. Uso un cúter de bellas artes para tallar el borrador y, así, poder llegar a zonas pequeñas. Oscurezco los últimos tonos del torso y relleno las garras, dejando una luz en cada una.

SUI-RIU JAPÓN

L os dragones no se prodigan en la mitología japonesa. Cuando hacen acto de presencia, se comportan con benevolencia y, por lo general, están relacionados con el agua. El *sui-riu* es el dragón rey de la lluvia. Al igual que todos los dragones nipones, tiene tres dedos en cada pie.

1 Uso un lápiz 3H para dibujar una sencilla S que cuenta con una prolongación adicional para representar la cola. A continuación, añado un óvalo para la cabeza. Después, dibujo unas líneas guía faciales curvas y, finalmente, agrego un óvalo para la nariz alargada.

2 Pasándome a un lápiz 3B, incorporo los ojos grandes, la boca dentada, las cejas pobladas y los bigotes largos. Después, refino la nariz y añado las escuálidas patas delanteras. Las patas y los pies de atrás son enormes y cuentan con unas largas y afiladas garras.

3 Añado dos cuernos curvos, las orejas puntiagudas, vello facial y una tupida mata de pelo en la cola. Agrego el patrón a rayas del envés del cuerpo y pinchos por el lomo.

4 Para comenzar a añadirle tono a la cabeza, empiezo por los cuernos y me voy dirigiendo a la boca. Los tonos más oscuros los reservo para la base de los cuernos, el labio superior y la zona que rodea las narinas.

5 Siguiendo con el rostro, sombreo el resto de la boca y, también, los bigotes y el pelo. A continuación, empleo un lápiz 3B para comenzar a dibujar un patrón de escamas por el lomo del dragón. Estas recuerdan a las de los peces y son muy brillantes.

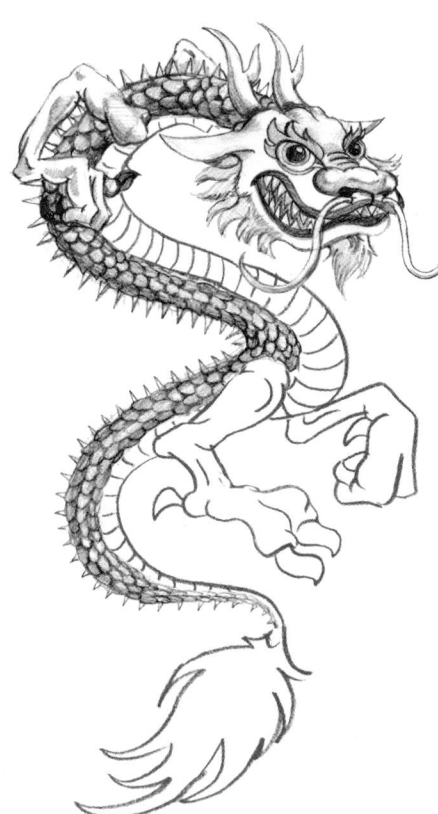

6 Sigo dibujando escamas por el cuerpo del dragón. También oscurezco las uñas del pie delantero derecho. Como la mina blanda del 3B no se tarda en gastar, tengo un sacapuntas a mano al dibujar las finas líneas de las escamas.

7 Para elaborar la suave y estriada textura del vientre del dragón, empiezo por la pata delantera y termino en la punta de la cola. Este patrón da lugar a un agradable contraste con el lomo, escamoso y con aspecto de pez. Le añado tono a las patas y los pies de atrás: los tonos más oscuros los reservo para las garras.

8 Le dibujo una larga y rala mata de pelo en la punta de la cola para complementar el vello facial. Agrego unas pequeñas manchas por las patas; al hacerlo, empleo una plantilla de borrar para dibujar estos detalles y, así, no emborronar la mina blanda.

TIAMAT MESOPOTAMIA

Tiamat es la encarnación babilónica del agua salada. Esta criatura, metamórfica e inmune a todas las armas, se considera la madre de todo lo que existe. Después de que la matara el dios Marduk, creador de la humanidad, el cadáver desmembrado de Tiamat originó el cielo y la tierra.

1 Con un lápiz 3H, esbozo ligeramente la figura de esta criatura. Hago que la cola se le enrosque alrededor de la cabeza y le dibujo una bola al final de la cola. A continuación, le añado el gran ojo ovalado.

2 Hago que Tiamat tenga el cabello recogido hacia atrás, al estilo de otras criaturas babilónicas. Después, refino el ojo y le agrego las mandíbulas, surcadas de rayas. Además, le dibujo una lengua viperina y le incorporo unos cuantos cuernos por la cabeza. A continuación, dibujo una aleta dorsal que, en cierno modo, recuerda a una concha.

3 Le cubro el cuerpo con un patrón de figuras geométricas que me recuerda a un vitral. Hago que estas figuras sean más pequeñas y estén más abigarradas al final de la cola. También añado una aleta pequeña en la zona más alejada del cuerpo.

4 A la hora de crear el pronunciado y dinámico contorno de Tiamat, uso tinta pura (sin diluir) con un pequeño pincel redondo para repasar las líneas iniciales a lápiz del cuerpo y el rostro, tal y como se aprecia en este paso. Oscurezco la pupila y le dejo una luz blanca y redonda. Para que el pelo parezca estar hecho de rastas, agrego unas líneas curvas, de las cuales también hago uso en las aletas.

5 Cuando la tinta pura se ha secado, mezclo un poco de agua con tinta para elaborar una aguada oscura que aplico por el envés de la criatura con un pequeño pincel redondo. Después, añado más agua a la tinta para aclararla; así, obtengo una aguada más clara que aplico a la parte superior del cuerpo, a ciertas partes del rostro y el pelo, como puede verse en este paso.

6 Sigo variando la cantidad de agua en las aguadas para, así, producir distintos valores en la serpiente. Aplico un valor más oscuro en el pelo. Después, uso un tono más ligero para las figuras geométricas de las escamas. Estrecho un poco el cuerpo para crear la parte inferior de la cola, donde añado un abigarrado patrón a rayas con tinta pura. A continuación, intensifico con tinta pura las rayas de las mandíbulas y las líneas del pelo.

7 Empleando de nuevo tinta pura, refuerzo el patrón de escamas y creo sombras en el envés de la cola. Le agrego también al ojo unas finas líneas. Detallo las tres aletas con unas rayas más pequeñas. Por último, diluyo un poco la tinta con agua para darle tono a una lengua resbaladiza y a ciertas zonas de la cola.

SERPIENTE MARINA

La serpiente marina es un dragón legendario que reside en aguas dulces o saladas. Aunque se pasa la mayor parte de la vida en lagos y arroyos de agua dulce, migra a aguas más cálidas si hace falta. A veces, los incautos la confunden con una masa de algas o con un calamar gigante, ¡un error que puede llevarles a una muerte prematura!

1 Lo primero que hago es emplear un lápiz 3H para esbozar la cabeza redonda y el cuerpo en forma de sacacorchos. Hago que la cola sea más gruesa y la cabeza más ancha; a continuación, añado el ojo.

2 Después, me centro en la inclusión de los rasgos faciales, incluidos el prominente espiráculo, las orejas en forma de aleta y el pico de pato. También le añado los dientes afilados.

3 Le dibujo cuatro aletas a mi criatura, una de ellas dorsal. También le dibujo otra cerca de la punta de la cola y, además, altero su figura. A continuación, borro las líneas que ya no necesito.

4 Empleo un lápiz 2B afilado para comenzar a sombrear la cola con marcas de trama (como soy diestro, voy de izquierda a derecha para, así, no emborronar el grafito). Procuro mantener la uniformidad de la dirección de las líneas para que transmitan movimiento.

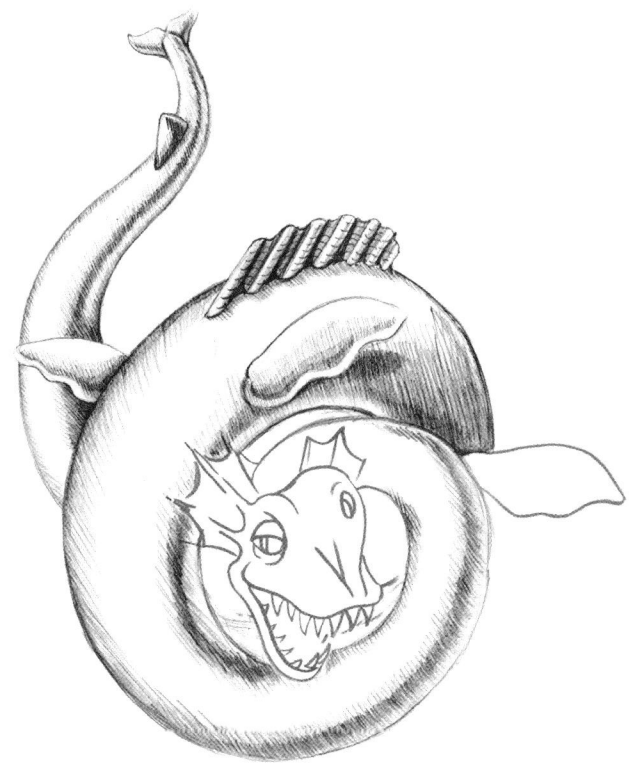

5 Para sombrear más el cuerpo, prosigo con la trama (ejecutada siempre en la misma dirección). Aunque me tienta la idea de pasarme a la trama cruzada, ya que el proceso sería más rápido (y más intuitivo), me quedo con la trama simple, que es más pulcra. Sombreo y detallo las aletas dorsales y dos de las laterales.

6 A continuación, sombreo la aleta lateral de la derecha del todo con unas marcas de trama más pronunciadas. Sombreo también las zonas que rodean la cabeza para rellenar el envés del cuerpo (lo mejor es dejar para el final la aplicación de estos tonos oscuros, ya que se emborronan con mucha facilidad). A continuación, sombreo toda la cabeza, espiráculo incluido.

7 Uso un borrador de vinilo para limpiar todos los bordes. Por último, dibujo unas burbujas para enmarcar al sujeto. Además de contextualizar a la serpiente marina, las burbujas nos dejan claro que este dragón sabe cómo divertirse.

QUETZALCÓATL MÉXICO

Este poderoso dios-serpiente es un anfíptero, es decir, un dragón con alas pero sin brazos ni patas. Su nombre significa «serpiente emplumada». Le enseñó a los aztecas la agricultura. Tiene el poder de adoptar forma humana a su antojo.

1 Con un lápiz 3H, bosquejo el cuerpo en forma de S de una serpiente. Ahúso la punta de la cola y dibujo un círculo para la cabeza.

2 Añado un pequeño círculo para el ojo, una línea curva para la boca y la figura de un cono redondeado para la nariz. A continuación, agrego las alas. Aunque la mayoría de los dragones tienen alas de murciélago, las de Quetzalcóatl son de ave.

3 Con mis líneas guía y de un lápiz HB, desarrollo la cabeza, que se parece a una serpiente. Incorporo las narinas, los colmillos y una melena plumosa. Dibujo unas rayas para representar las protuberancias del maxilar inferior. A continuación, engroso el cuerpo, para lo cual añado la línea del envés, que desaparece cuando la cola se ahúsa. Después, desarrollo las alas.

4 Sin dejar de emplear el lápiz HB, agrego el patrón de escamas rayadas del envés del cuerpo; al hacerlo, reduzco el tamaño de estas a medida que se acercan a la cola. A continuación, desarrollo con suavidad el tono del rostro, de las escamas y de las plumas. Dibujo unas líneas onduladas por el pelo y más plumas en las alas.

5 Sigo ocupándome de las alas emplumadas, para lo cual añado unas nítidas líneas de contorno con la punta afilada de un lápiz HB. Creo zonas más oscuras de tono en el interior de las alas, donde no llega la luz. También incorporo una sombra proyectada por el final de la cola, en la parte en la que el ala se superpone a esta. Después, añado unas cuantas manchas para avivar algunas zonas del cuerpo que no tienen detalles; además, intensifico el tono de las escamas del vientre.

BASILISCO NORTE DE ÁFRICA

Cuentan que el basilisco tiene una mirada letal y deja un rastro de veneno a su paso. A esta criatura la han descrito como una serpiente o un lagarto gigantes, así como un gallo de casi un metro de altura con colmillos y cola de serpiente, que es como lo vamos a representar.

1 Lo primero que hago es esbozar la figura básica del basilisco con un lápiz 3H.

2 Añado las figuras de la cabeza, incluidos el ojo circular y el pico puntiagudo. Empleo una serie de óvalos para sugerir la cresta que corona la cabeza; además, añado un óvalo más grande bajo la mandíbula para representar la papada. A continuación, añado la lengua.

3 Para elaborar la cresta de la cabeza, conecto los óvalos que la conforman. Además, también conecto la papada a la mandíbula. Después, detallo el ojo, agrego la narina y dibujo los afilados dientes. Comienzo a elaborar las escamas del cuerpo y a incorporar plumas a la base del cuello; mientras tanto, voy borrando las líneas guía.

4 Añado unas cuantas escamas más y, a continuación, dibujo la pequeña ala de la zona intermedia del cuerpo. También dibujo los grandes pies de la criatura.

5 Afilo el lápiz para poder encargarme de las finas y abigarradas líneas de los pies. Relleno la pupila y sombreo las zonas que hay entre las escamas para darles forma. Añado también las afiladas garras y las ligeras plumas que recorren el lomo de la criatura.

6 Continúo definiendo las escamas, para lo cual desarrollo zonas oscuras por el envés del cuerpo a fin de transmitir sensación de peso y masa. Hago que la zona del muslo sea casi toda negra para representar la sombra que proyecta el ala. Agrego unos trazos ralos a la melena y un tono claro al rostro, a la papada y a la cresta. Por último, repaso los contornos del ala y, para conferirle sensación de profundidad, sombreo entre las plumas.

JÖRMUNGANDR MITOLOGÍA NÓRDICA

Jörmungandr, también conocido como «Serpiente del Mundo», es tan grande que puede enroscarse en torno a la Tierra y tragarse su propia cola. En la mitología nórdica, Jörmungandr está destinado a enfrentarse a su némesis, Thor, dios del trueno, en el Ragnarök, que es el fin del cosmos.

1 Uso un lápiz 2H para comenzar mi dibujo con una sencilla figura serpentina en torno a una esfera. Añado una tosca cabeza, dos protuberancias para las narinas y un anillo al final de la cola para representar la boca.

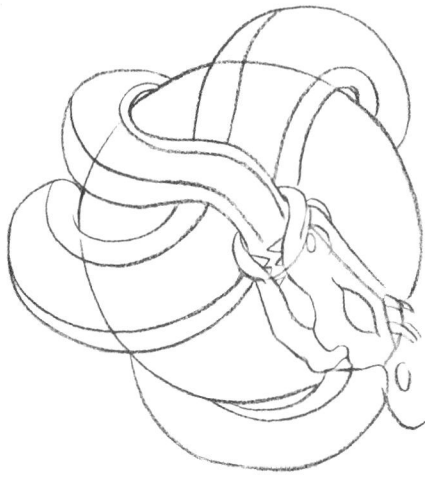

3 En este paso, me centro en la cabeza. Refino su figura de modo que recuerde a un caimán. Añado dos cuernos curvos en la frente y una placa en la parte posterior de la cabeza. Después, dibujo el gran ojo de serpiente, los afilados dientes y las narinas.

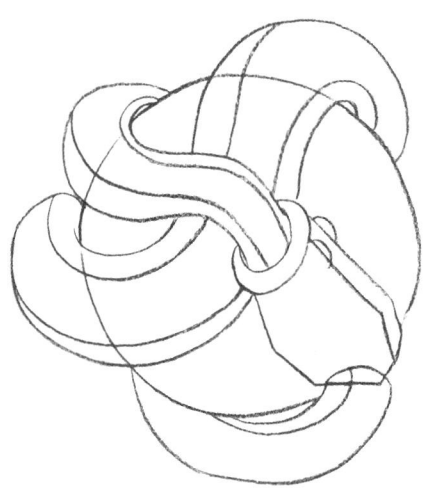

2 Las líneas laterales que recorren el cuerpo de Jörmungandr me garantizan que las escamas y las placas se alineen para obtener un patrón viable. Como más adelante borraré buena parte de este dibujo, uso un lápiz 2H para ejecutarlo con suavidad.

4 Tras haber refinado mis trazos y haber borrado las líneas guía iniciales, empleo un lápiz HB para dibujar el patrón de escamas tipo armadura, para lo cual sigo las líneas laterales del paso 2. Como Jörmungandr es de los malos, quiero que sus escamas lo reflejen. A continuación, contorneo las masas de tierra del planeta.

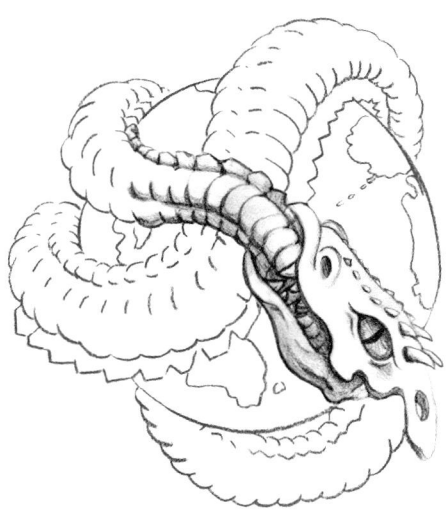

5 Comienzo a detallar el rostro con un lápiz 2B. Dibujo las protuberancias óseas que le surcan la cara. Además, relleno el hueco que hay en la placa de detrás de la cabeza y agrego más dientes inferiores. Después, dibujo la estrecha pupila y sombreo el iris. Por último, comienzo a sombrear el rostro y la cola.

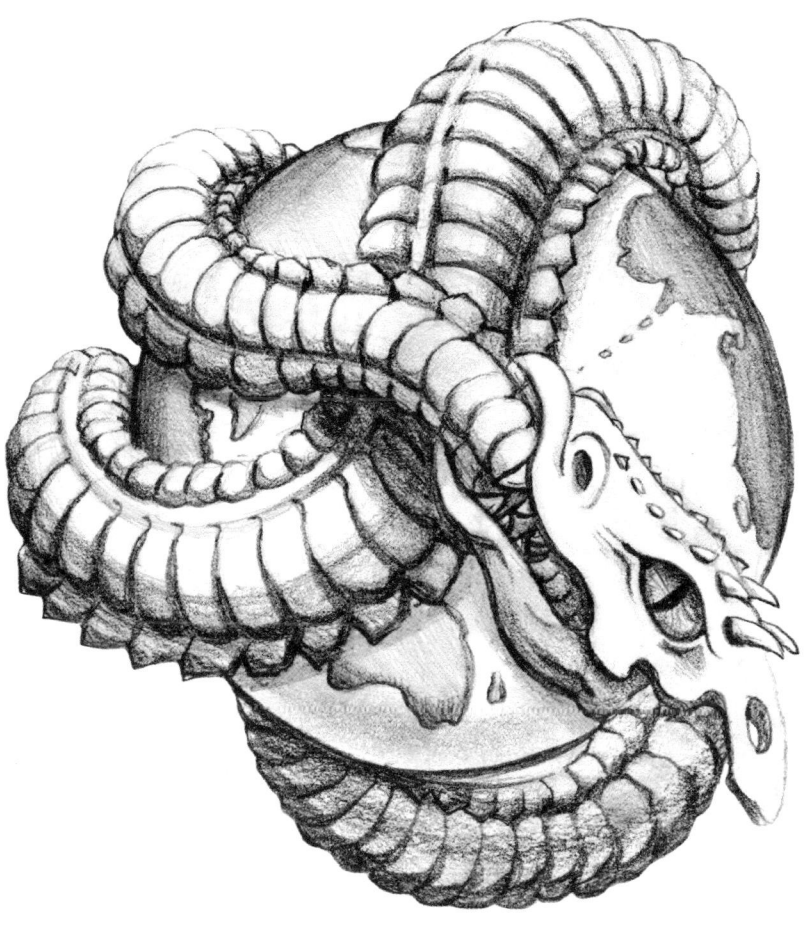

6 Tras haber prolongado y refinado el patrón de escamas, sombreo todo el cuerpo, reservando los tonos más oscuros para la sombra que proyecta el final de la cola en la sección media y para la parte del envés de la cola que se enrosca en torno al planeta. A continuación, sombreo el propio planeta; al hacerlo, procuro que el tono sea más sutil para que, así, la Tierra no desvíe la atención del espectador de Jörmungandr.

SERPIENTE IRISADA AUSTRALIA

La serpiente irisada, que es un dragón de la mitología aborigen australiana, también responde a los nombres de Ngalyod y Borlung Cuando esta serpiente reptó por el continente australiano, provocó zanjas y barrancos que recogen el agua de lluvia. Al residir en pozos de agua permanentes, esta criatura controla el agua, y, por lo tanto, da vida. Este *wyrm* protege a su gente y castiga a los que infringen la ley.

1 Empleo un lápiz 3H para esbozar el cuerpo y la cabeza de esta criatura, para lo cual me sirvo de la referencia fotográfica de una serpiente. Observe que dibujo con líneas claras las partes del cuerpo que quedan ocultas por otras. A esto se le conoce como «dibujo profundo»: es una técnica útil para delimitar bien las proporciones y dar con la perspectiva adecuada. En el siguiente paso, borraré estas líneas claras.

2 Pasándome a un lápiz 2B, que es más blando, añado unas líneas laterales a lo largo del cuerpo de la serpiente para, así, delinear la parte superior y la inferior del cuerpo. Después, comienzo a dibujar unas líneas curvas por el cuerpo de modo que lleguen hasta la punta de la cola. Como el lápiz 2B es muy blando, procuro que esté afilado para poder trazar unas líneas nítidas con él.

3 En este paso, me centro en la cabeza. Sirviéndome de mi referencia fotográfica, dibujo el ojo, la nariz y la lengua. Después, le agrego cuatro cuernos en la parte de atrás de la cabeza y tres dientes afilados en la boca.

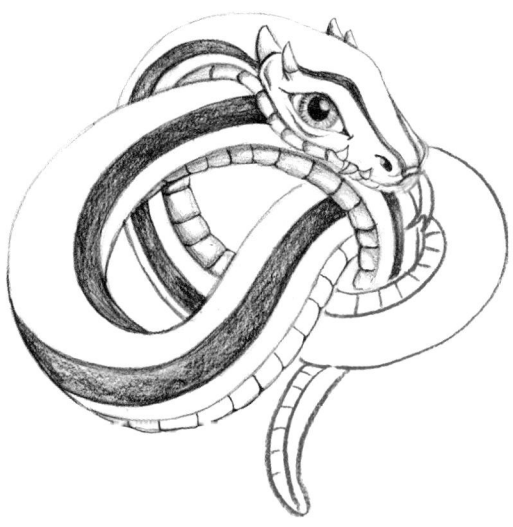

4 Con mi lápiz 2B, ya romo, sombreo la narina y el ojo, haciendo que la pupila sea muy oscura y que quede una pequeña luz blanca en ella. A continuación, comienzo a sombrear las oscuras rayas que recorren el cuerpo de la serpiente.

5 Sigo sombreando las rayas con el lápiz 2B romo. Remato las líneas curvas del envés de la cola y, después, comienzo a sombrearlas con mucha suavidad. Me aseguro de que las rayas tengan un tono más oscuro que el de las protuberancias. Aplico un difuminador de colores en las zonas de un negro intenso. Uso papel absorbente y un pequeño difumino para emborronar algunas de las zonas más claras.

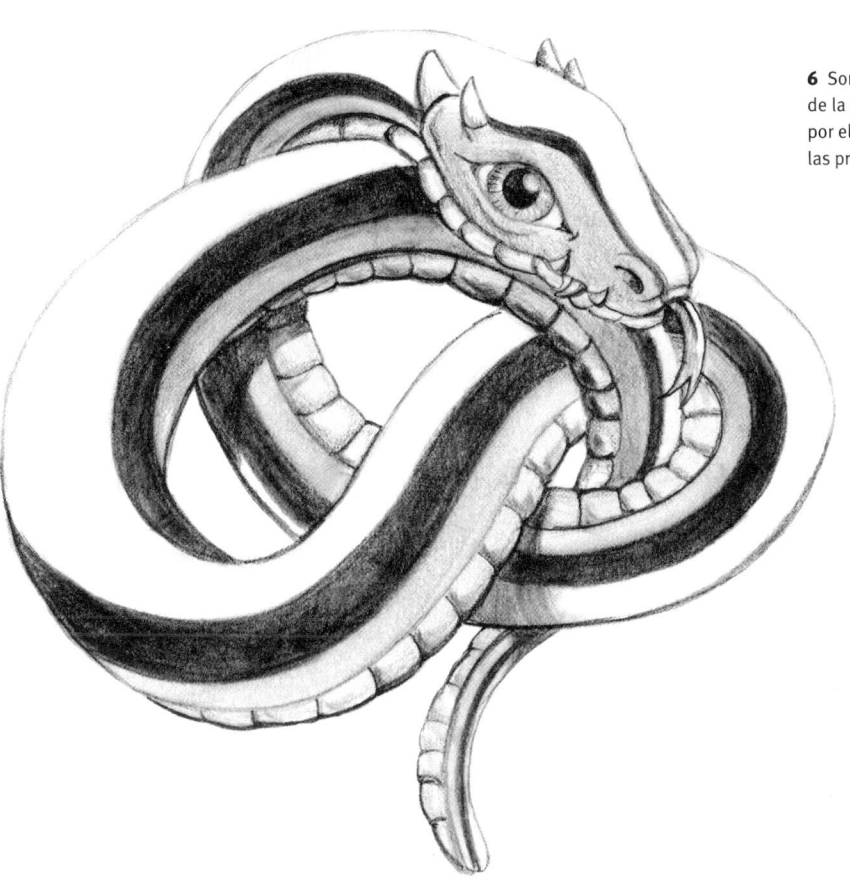

6 Sombreo las rayas más claras del cuerpo y de los lados de la cabeza. También sombreo la lengua y dibujo una línea por el centro para darle realismo. Por último, acabo de sombrear las protuberancias del vientre y la punta de la cola.

FAFNIR MITOLOGÍA NÓRDICA

Fafnir fue al principio un enano. Sin embargo, poco después de haberse aliado a su hermano Regin para matar al padre de ambos (el rey enano Hreidmar), Fafnir decidió que no quería compartir las riquezas recién obtenidas, y esta avaricia hizo que poco a poco se fuera transformando en un dragón. Después, Regin, para vengarse del egoísmo de su hermano, hizo que su propio hijo, Sigurd, matase al dragón Fafnir.

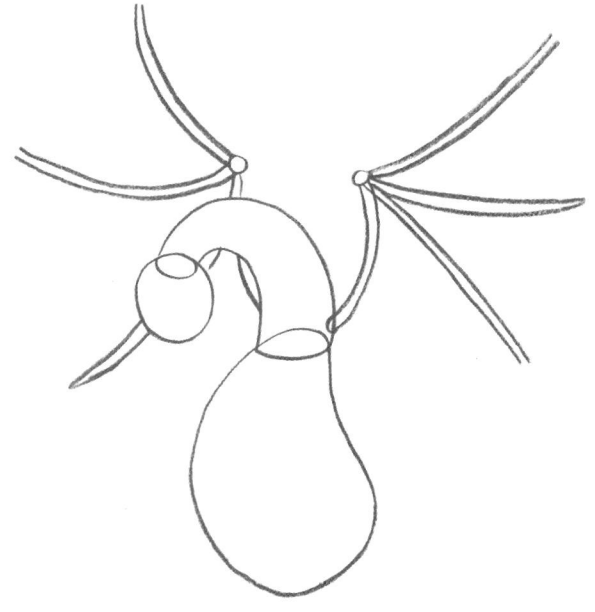

1 Uso un lápiz 2H para esbozar las figuras básicas de las que se compone la parte superior del dragón. Dibujo la figura de una lágrima para el torso, un cilindro curvo para el cuello y un pequeño círculo para la cabeza. Después, uso unas figuras curvas que recuerdan a espadas para representar los huesos de las alas.

2 Empleo líneas curvas para conectar los huesos de las alas y añado un pequeño círculo a cada una en la punta. Añado un hocico largo y dos ojos pequeños y malvados. Dibujo círculos, hexaedros y cilindros para encajar los brazos y las patas; también trazo la cola.

3 Añado algunos detalles a la cabeza. Dibujo los afilados cuernos, las aletas palmeadas a ambos lados del rostro y el patrón a rayas que va desde la parte superior de la cabeza hasta la frente y desde los ojos hasta la nariz. Agrego las narinas y la boca abierta, en cuya parte superior sugiero un par de colmillos afilados. Empleo una línea curva para indicar el ceño fruncido y, a continuación, borro las líneas de construcción de la cabeza.

4 Guiándome por las figuras básicas, desarrollo los brazos, las patas, las manos y los pies. Incorporo las garras afiladas y dibujo unas líneas curvas para sugerir la musculatura de las patas. Le añado un pincho al codo que se ve. Después, aplico el patrón a rayas por el vientre y dibujo los pinchos que recorren el lomo desde el cuello hasta la cola. También refino las alas y le añado un pincho en la punta de cada uno de los huesos de ellas. A continuación, borro todas las líneas de construcción que quedan.

5 Para obtener unos tonos más oscuros y suaves, empleo un lápiz de color negro con el que comienzo a representar los detalles del rostro del dragón. Desarrollo los tonos de forma gradual y con suavidad. Procedo con un pequeño sacapuntas a mano, ya que el lápiz de color es muy blando y hay que sacarle punta constantemente para representar las zonas más detalladas.

6 Aplico una ligera presión para sombrear las alas; al hacerlo, reservo el tono más oscuro para los huesos y cerca del cuello, donde no da la luz. También añado mellas y rasguños a lo largo de los bordes exteriores de las alas; además, oscurezco las puntas de los pinchos. A continuación, dibujo unas venas muy claras por las alas. Después, aplico un patrón de escamas por las patas y los brazos que me recuerda a un colchón guateado. Le añado también tono a los pies: el tono más oscuro lo reservo para las garras.

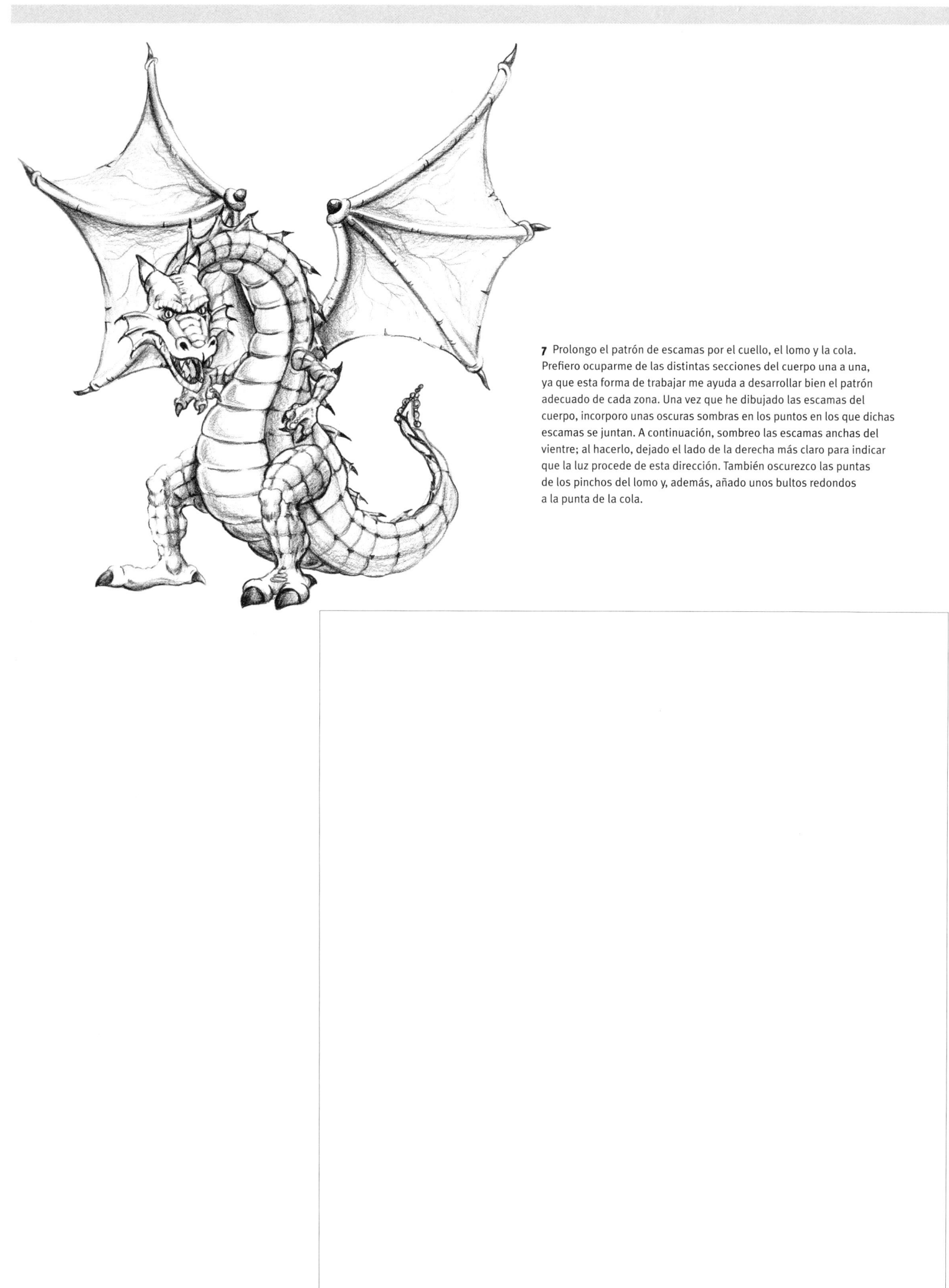

7 Prolongo el patrón de escamas por el cuello, el lomo y la cola. Prefiero ocuparme de las distintas secciones del cuerpo una a una, ya que esta forma de trabajar me ayuda a desarrollar bien el patrón adecuado de cada zona. Una vez que he dibujado las escamas del cuerpo, incorporo unas oscuras sombras en los puntos en los que dichas escamas se juntan. A continuación, sombreo las escamas anchas del vientre; al hacerlo, dejado el lado de la derecha más claro para indicar que la luz procede de esta dirección. También oscurezco las puntas de los pinchos del lomo y, además, añado unos bultos redondos a la punta de la cola.

AZHI DAHAKA PERSIA

Este malvado monstruo de tres cabezas quiso acabar con todo el mundo. Frēdōn, un joven con dones divinos, temeroso de que las criaturas venenosas que surgieran de las heridas de Azhi Dahaka causaran estragos, la ató en una montaña en lugar de acabar con ella. Cuando llegue el fin del mundo, la bestia se liberará y matará a un tercio de los seres humanos y del ganado.

1 Esbozo las figuras generales del cuerpo con un lápiz 2H. Dibujo el cuerpo de un perro fornido y le confiero una postura que deja ver que está preparado para entrar en acción. A continuación, añado tres círculos para situar las cabezas.

2 Añado círculos debajo de cada pata para encajar las garras. Las garras derechas del dragón tienen cuatro círculos, mientras que las izquierdas tienen tres (el cuarto dedo de las garras derechas no es tan visible desde este punto de vista). Después, añado las líneas guía faciales de las cabezas y las líneas que indican la curvatura de los cuellos.

3 En este paso, desarrollo las tres cabezas. A continuación, comienzo a representar los rasgos faciales, tales como las narices, las bocas y los ojos (tres a cada lado de la cara). También le incorporo un par de cuernos curvos a cada cabeza.

4 Empleo los pequeños círculos para refinar los pies a la vez que conservo las figuras redondeadas. Tras dibujarle las dos grandes alas, le añado un pincho en la punta a cada una. También dibujo la cola, que está enroscada en torno a la pata izquierda trasera del dragón. Dibujo unas protuberancias cuadradas por la cola y por la parte de atrás de los cuellos. Borro todas las líneas de construcción que quedan para, así, limpiar mi dibujo.

5 Empiezo a sombrear el cuerpo y las alas con un lápiz de color negro. Observe que se trata solo de una capa de tono inicial muy claro. Continúo desarrollando la imagen poco a poco y voy añadiendo tonos oscuros a los rostros, los cuellos y las alas. También sombreo entre algunas de las protuberancias de los lomos y de los cuellos. Una de las ventajas de los lápices de colores es que no se emborronan con facilidad, aunque cuesta borrarlos: por lo tanto, me tomo mi tiempo para, así, evitar cometer errores.

6 Para encargarme de los rostros, empleo el lápiz de color negro y le añado detalles a los ojos. Además, relleno las cejas, las bocas, la lengua y los seis cuernos. A continuación, sombreo la cola y la ahúso un poco más de lo que estaba al principio. Después, dibujo las escamas que van desde el pecho hasta los cuellos. También sombreo el envés del dragón y la parte superior de las patas.

7 En este paso, me centro en las garras. Imagino los dedos del dragón como un cruce entre los de una rana arborícola y los de un elefante, y así lo reflejo en el dibujo. Hago unas garras ásperas y desiguales para que contrasten con el diseño ordenado y rectilíneo del resto del cuerpo.

8 Por último, recurro al lápiz de color para oscurecer las sombras y refinar la figura. Le añado tono a las garras y saco unas cuantas luces en las escamas del pecho. Una vez que me satisface el resultado, doy por concluido el dibujo.

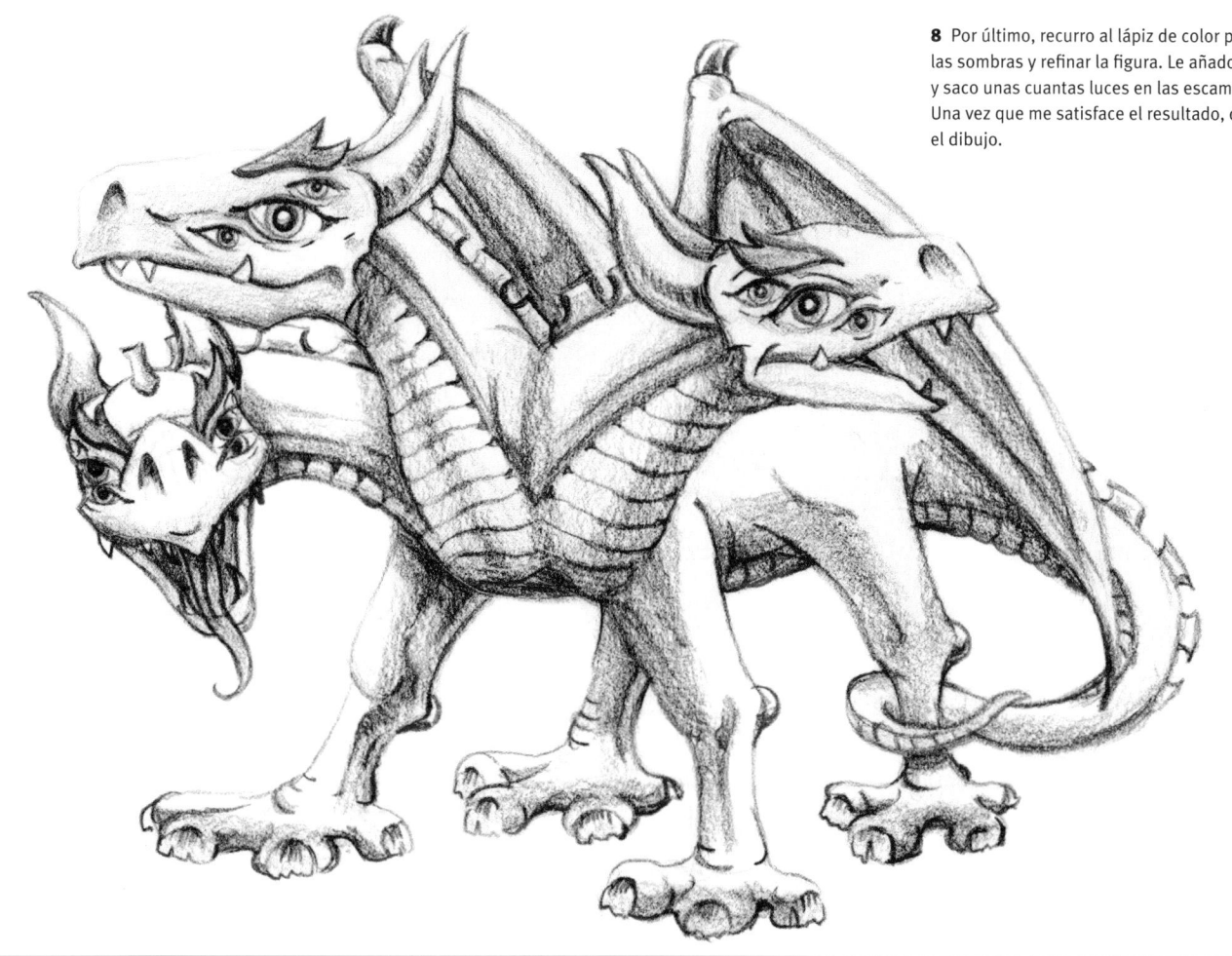

CRIATURAS MITOLÓGICAS
BESTIA DEL APOCALIPSIS MESOPOTAMIA

En la Biblia, la bestia de siete cabezas del Apocalipsis tiene boca de león, zarpas de oso y cuerpo de leopardo. Las diez coronas de los diez cuernos de la criatura representan los reinos que se alían con la bestia para convertirse en un imperio mundial.

1 Empleo un lápiz 2H para encajar el contorno de la cabeza y el cuerpo de la bestia. Añado las patas, las ancas, las garras y la cola; después, le agrego a la cabeza las líneas guías faciales.

2 Dibujo un patrón a rayas que va desde la punta de la cola hasta la pata delantera derecha de la bestia. Después, refino las zarpas de oso, para lo que les dibujo unas garras afiladas.

3 En este paso, me centro en la cabeza principal. Dibujo un rostro de león que completo con un maxilar inferior que sobresale y una ancha nariz. Le incorporo a la cabeza una mata de pelo de punta antes de crear los diez largos cuernos. A continuación, dibujo unas líneas onduladas que van desde el lateral del rostro principal y, además, esbozo las pequeñas cabezas al final de cada una de estas líneas. De momento solo son visibles cuatro de estas pequeñas cabezas. Además, prolongo el patrón a rayas hasta el hombro derecho de la criatura.

4 Tras añadirle cuatro pinchos a la punta de la cola, empleo un lápiz de color negro para comenzar a sombrear tanto esta como el envés de la bestia y algunas partes de las patas delanteras. Opto por este lápiz negro porque lo que busco es lograr un valor oscuro, adecuado para el carácter oscuro de esta criatura.

5 A partir del patrón rayado, creo uno en forma de ladrillo sobre todo el cuerpo. Sombreo un poco más los puntos de intersección para mejorar el efecto tridimensional. Oscurezco las garras de la pata delantera derecha.

6 En este paso, abordo la cabeza principal, a la cual le añado tono y le refino los rasgos. Le dibujo protuberancias sobre los ojos y bajo la nariz. También defino los afilados dientes y le sombreo los ojos y la nariz. A continuación, dibujo la corona que hay en la base de cada cuerno.

7 Sigo empleando el lápiz de color negro para sombrear un poco los cuernos; al hacerlo, les emborrono los contornos para difuminarlos un poco. Después, sombreo la zarpa izquierda de la bestia. Añado algunas manchas por la parte superior del patrón enladrillado; al hacerlo, las distribuyo al azar para crear una especie de estampado de leopardo. Además, uso un borrador moldeable pasar sacar unas cuantas luces por todo el cuerpo y en la cabeza.

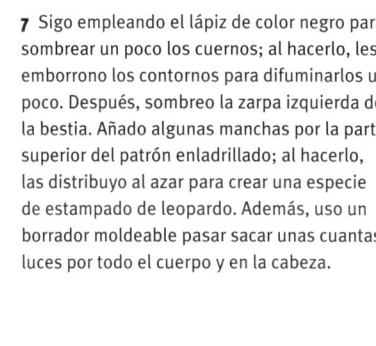

8 Les dibujo rasgos leoninos a las demás cabezas y les dibujo manchas de leopardo por el cuello (el truco para dibujar esta criatura consiste en integrar todos los distintos elementos, y estas manchan colaboran para lograrlo). Doy una última pasada con el lápiz de color negro para oscurecer las zonas más oscuras y resaltar algunos detalles, tales como las zarpas. Por último, borro todas las marcas a lápiz que quedan; al hacerlo, froto con suavidad para evitar emborronar el lápiz de color.

HUWAWA MESOPOTAMIA

También conocida como Jumbaba o Humbaba, era el guardián del bosque divino. Según la leyenda, Enlil, dios del cielo y del viento, le concedió a Huwawa siete «auras» y lo nombró protector del bosque de los Cedros, hogar de los dioses. Pero Huwawa fue apresado y asesinado por Gilgamesh.

1 Encajo la estructura principal del cuerpo con un lápiz 2H. Comienzo por elaborar un óvalo para el pecho y un círculo para la cabeza. Después, empleando figuras básicas, esbozo el cuello, los hombros, la parte superior de las patas y la cola.

2 Sigo desarrollando la criatura, a la cual le añado los brazos, la parte inferior de las patas, los pies, el hocico y los cuernos.

3 Me guío por mis figuras básicas para refinar la cabeza. Huwawa tiene rostro de león, nariz de gato, dientes afilados y algo parecido a unas crines. También refino los cuernos.

4 Mientras refino las figuras del torso, de los brazos y de las piernas, sugiero una musculatura humanoide. Borro todas las líneas de construcción. Después, le añado tres afiladas uñas a la mano izquierda de la criatura. Espeso la pelambre que tiene por el pecho.

5 Refino la mano derecha de la bestia para que esté a la par que la izquierda. Después, desarrollo la cola y los pies. Empleo unos breves trazos curvos para darle textura a las patas, los pies y la cola. A continuación, dibujo las garras de los pies.

6 Valiéndome de un estilógrafo de 0,2 mm con tinta resistente al agua, comienzo a repasar con un punteado todas las líneas hechas a lápiz. Aplico puntos en la cabeza, en las crines y en el torso. Al aumentar la cantidad de puntos que se aplican en una zona, se pueden lograr valores muy oscuros. Observe que el punteado es más denso en la base del pelo que por las puntas. Además de aumentar la cantidad de puntos en una zona, se pueden realizar puntos más grandes para, así, incrementar los tonos negros. Para elaborar los tonos más oscuros, me paso a un estilógrafo más grueso, de 0,5 mm.

7 Sigo punteando el resto del cuerpo, incluida la hexaédrica punta de la cola. Recurro a la punta de 0,2 mm para completar las manos y los pies, ya que quiero ejercer un delicado control al ocuparme de estas partes del cuerpo. Por último, oscurezco las garras afiladas. Una vez que la tinta está seca por completo, borro todas las marcas a lápiz visibles.

GARM MITOLOGÍA NÓRDICA

Garm custodia Hel, la tierra de los muertos. Este sabueso vive en una cueva llamada Gnipahellir. El enemigo mortal de Garm es el dios de la guerra y de la justicia, Tyr: se destruirán el uno a otro cuando llegue el fin del tiempo, el Ragnarök.

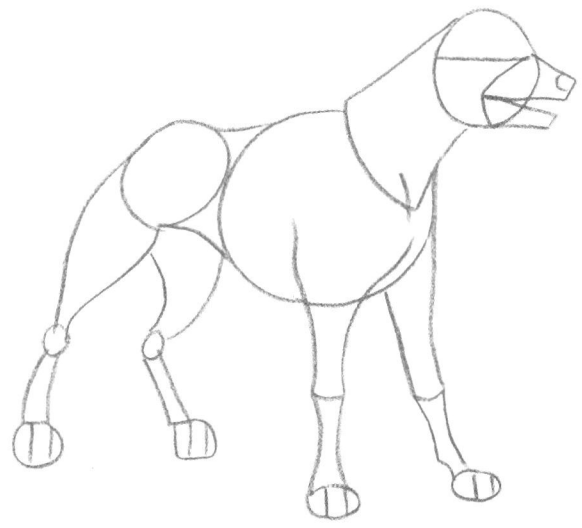

1 Comienzo con un lápiz 2H para encajar las figuras básicas de nuestro amigo canino. Empleo unos sencillos círculos y cilindros para determinar las proporciones anatómicas adecuadas y para establecer la postura y la actitud de la criatura.

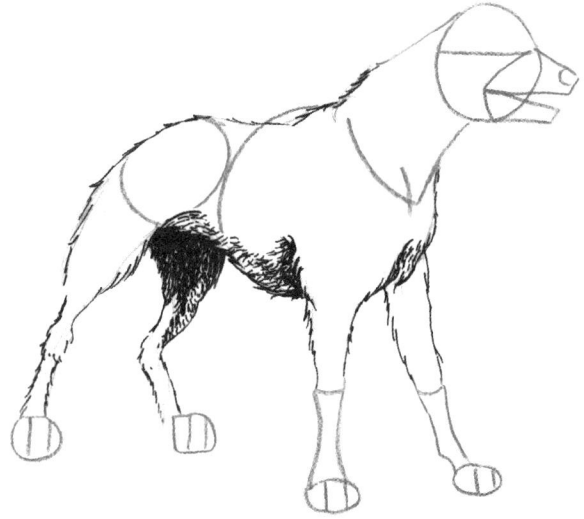

2 Comienzo con un estilógrafo de 0,5 mm con tinta resistente al agua para aplicar unos breves trazos con los que dibujo el contorno del pelaje, que es lo que define los límites de la criatura.

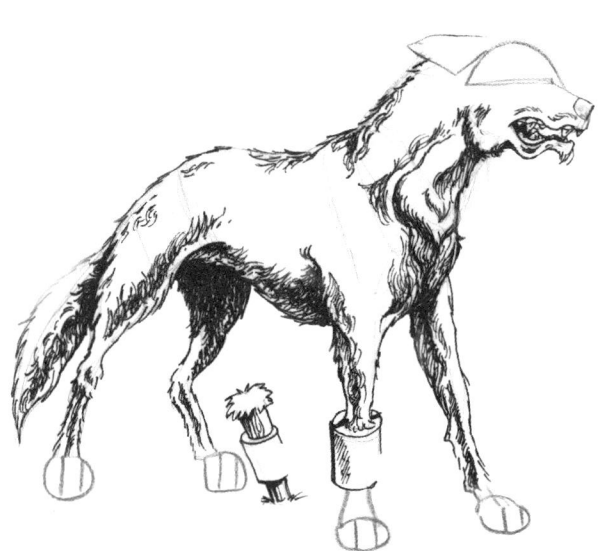

3 Aplicando unos trazos sueltos con la pluma, sigo añadiendo zonas de sombra y textura para, así, lograr un aspecto descuidado. Después, añado la estaca de madera clavada al suelo. Dibujo unos grilletes alrededor de la estaca y de la pata derecha delantera de Garm, para lo cual empleo unas marcas de trama rectas a fin de crear la textura. A continuación, empleo una punta de 0,3 mm para detallar la boca y desarrollar más el pelaje.

4 Refino los cuatro pies y sigo empleando trazos sueltos para el pelaje. También sigo desarrollándolo hasta el cuello mientras oscurezco las zonas de sombra. Después, dibujo la cadena que aprisiona la pata delantera derecha de Garm. A continuación, dibujo las orejas y agrego el ojo, la ceja y la nariz. Uso un estilógrafo de 0,2 mm para elaborar una ligera trama por todo el rostro y dibujar un poco de baba.

5 Uso este mismo estilógrafo para sombrear la cadena. Por último, acabo de refinar la baba y borro todas las líneas a lápiz visibles.

EQUIDNA GRECIA

Equidna es la madre de todos los monstruos griegos, incluidos Cerbero, Quimera, Ladón, la hidra de Lerna y la Esfinge. Como además de ser mitad serpiente también es mitad ninfa, no envejece. Argos, el gigante de cien ojos, mató a Equidna mientras dormía.

1 Comienzo a bosquejar el cuerpo de Equidna con un lápiz 2H. Empleo figuras sencillas, tales como cilindros, círculos y hexaedros, para determinar las proporciones generales. Las líneas de construcción del rostro me indican la ubicación de los rasgos faciales.

2 Con un lápiz 2B, dibujo el largo y ondulante cabello de Equidna. Después, me guío por mis figuras básicas para refinar los brazos y las piernas y creo unos largos y nervudos dedos. Le dibujo unas placas en forma de concha por el torso; al hacerlo, le añado un breve trazo en forma de media luna a cada placa para, así, conferirles textura.

3 Dibujo los rasgos faciales con el objetivo de lograr una expresión temible. Después, dibujo los pómulos hundidos, los ojos sin pupila y el cuello huesudo. Refino el cabello a base de unos largos trazos sueltos que siguen la dirección de crecimiento del pelo. Además, sombreo los brazos para darles una apariencia musculosa.

4 Elaboro una sencilla textura en la mitad serpentina de la criatura a base de unos garabateos irregulares que siguen la forma de la serpiente. Añado una gradación tonal por los bordes externos del cuerpo y una sombra proyectada allí donde la cola se superpone a sí misma.

5 A medida que continúo sombreando el cuerpo, aumento la longitud y el grosor de los trazos en las zonas de sombra. Las afiladas garras le pesan tanto que parece que apenas puede sostenerlas. No le incorporo muchos detalles a las manos, ya que prefiero que sea la silueta la que se encargue de la mayor parte del trabajo. Empleo mi fiel borrador de vinilo para eliminar las marcas y los borrones que puedan quedar.

QUIMERA GRECIA

Quimera, hija de Equidna y Tifón, tenía dos cabezas (una de cabra y otra de león), cuerpo de cabra y cola de dragón. Aterrorizó Licia (en la costa de la actual Turquía) antes del que el héroe griego Belerofonte acabara con ella.

1 Encajo las figuras básicas de la bestia con un lápiz 2H. Este paso me ayuda a determinar las proporciones antes de añadir detalles de ningún tipo. Elaboro un «dibujo profundo» del cuerpo para establecer la ubicación de la cola.

2 Comienzo por la melena del león, para lo cual desarrollo una figura aproximada y le añado rasgos, entre ellos la melena. Después, me encargo de la cabeza de cabra, en la que enfatizo los cuernos, la pronunciada frente y las grandes orejas (aunque Quimera es hembra, las cabezas son de macho).

3 Refino el cuerpo, incluidos el torso y las patas, elementos ambos de aspecto caprino. Le dibujo a la bestia una larga cola de dragón cubierta de pinchos. Prolongo la melena de león hasta el pecho. A continuación, borro las líneas a lápiz que ya no necesito.

4 Valiéndome de un estilógrafo de 0,2 mm con tinta resistente al agua, comienzo a añadir tono mediante una trama cruzada. Hago que la trama cruzada más oscura gire en torno al envés del cuerpo. Este tono es lo que comienza a crear la ilusión de la forma en el cuerpo.

5 Con objeto de establecer distintos niveles de tono por el cuerpo, prosigo con la trama cruzada y con la trama simple por la cola y las patas. Entinto el contorno de la cola para hacer que destaque del fondo. Después, comienzo a desarrollar una trama cruzada por el rostro de la cabra; al hacerlo, sitúo los tonos más oscuros en un lateral de la mandíbula, en la ceja y a lo largo del cuello. Oscurezco la pupila y le dejo una luz blanca. A continuación, sombreo las orejas.

6 Contorneo los cuernos de la cabra y añado tono con una combinación suelta de garabateo y trama. Después, sombreo la melena del león mediante unas sencillas líneas que siguen la dirección de crecimiento del pelo. Comienzo a agregarle tono al rostro del león: sombreo el interior de la boca, contorneo los dientes y aplico una trama por la nariz y dentro de la oreja. A continuación, contorneo las pezuñas y el pelo que le cuelga por el vientre.

7 A medida que voy añadiéndole tonos más oscuros al león, también le relleno la pupila y le incorporo unos largos bigotes. Después, oscurezco los pinchos de la cola. También oscurezco las patas y las pezuñas, para lo cual recurro a unas sencillas líneas; además, le confiero peso y profundidad a la parte inferior de las patas mediante una abigarrada e intensa trama cruzada. Realzo las sombras mediante un oscurecimiento de las zonas de trama de debajo del torso y del interior de la melena. Una vez que la tinta está seca, borro todas las líneas a lápiz.

ESFINGE GRECIA

Las esfinges tienen cuerpo de león y cabeza de persona, carnero o ave. Las esfinges egipcias suelen ser estatuas masculinas, pero la Esfinge de la mitología griega, además de tener alas, contaba con la cabeza de una mujer. Aterrorizó a la ciudad de Tebas y estrangulaba a todo aquel que no lograba descifrar su acertijo. Cuando Edipo lo resolvió, se convirtió en rey y ella se suicidó.

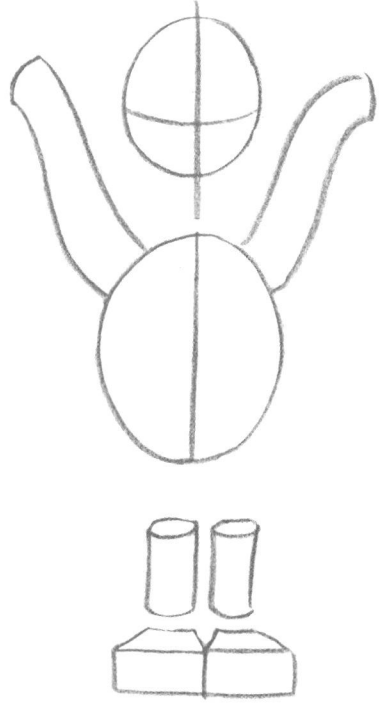

1 Uso un lápiz 2H para dibujar unas sencillas figuras para la cabeza, el torso, las alas y las patas delanteras. Empleo círculos, cilindros y hexaedros y añado líneas guía para el rostro y el torso.

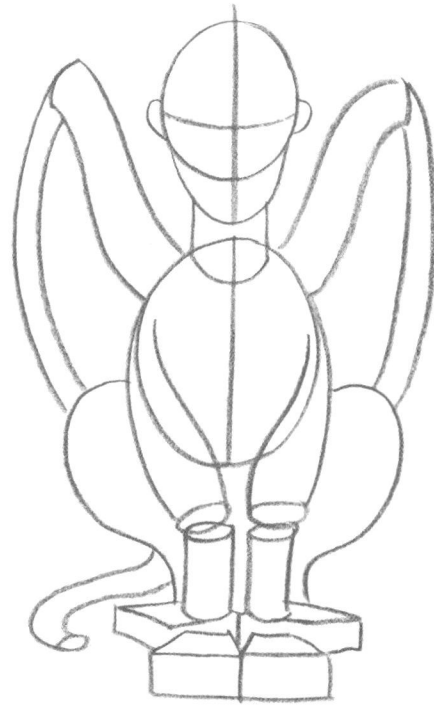

2 Agrego la parte superior de las patas delanteras y el contorno de las alas. Dibujo las ancas y la cola mediante curvas sencillas. Dibujo hexaedros para los pies traseros, un poco abiertos hacia afuera. Incorporo unas líneas para sugerir las orejas, la mandíbula y el cuello.

3 Siguiendo mis líneas guía, sitúo los ojos, la nariz y los labios. Dibujo también el tocado, así como la banda horizontal que recorre la frente. Mientras dibujo, voy borrando las líneas que ya no necesito.

4 Para refinar el cuello y los hombros, dibujo unas gráciles curvas inclinadas que se prolongan por el cilindro superior y el inferior que conforman las patas delanteras. Sugiero las filas de plumas de las alas. A continuación, agrego la figura de una lágrima a la punta de la cola.

5 Tras haber trazado las rayas del tocado, refino las garras y les dibujo cada uno de los dedos. Empleo un borrador artístico para eliminar todas las líneas guía.

6 Uso un lápiz 2B para refinar y sombrear los rasgos faciales. Le dibujo a la línea superior del ojo un trazo fuerte y oscuro con una suave sombra por arriba. Le doy un poco de tono a los labios y, después, comienzo a singularizar las rayas del tocado.

7 Dibujo sombras en el cuello, el torso y las patas; al hacerlo, me centro en que la zona en la que las patas proyectan una sombra en el centro del torso sea la más oscura. Después me valgo de unos breves trazos ralos para darle una textura velluda al torso, las patas y la cola.

8 Acabo de sombrear las rayas del tocado y varío las sombras para sugerir las plumas de las alas. Añado tono a la larga mata de pelo que hay en la punta de la cola. A continuación, empleo el tono más oscuro para representar las garras afiladas.

SIRENA GRECIA

L as sirenas son unas ninfas marinas griegas que viven en una isla rocosa y que emplean su canto para atraer a los marineros hacia su muerte. La canción de estos seres prometía conocimiento y embriaguez espiritual. En relatos posteriores, se empezó a representar a estos seres con un cuerpo seductor que estuviera a la altura de su voz.

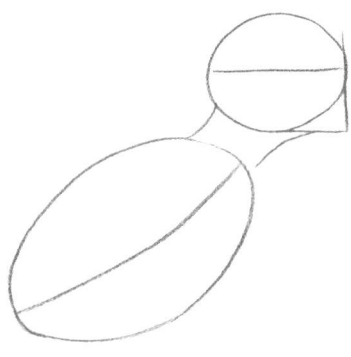

1 Empleo un lápiz 3H para encajar las sencillas figuras que se convertirán en la cabeza y el torso de la sirena. Procuro que estas figuras sean claras, ya que su finalidad es ayudarme en la construcción general.

2 Basándome en estas figuras, dibujo un perfil y humano y un cuerpo de ave del que salen brazos de persona. Como la mayoría de las aves cantoras carecen del largo y grácil cuello de los cisnes y los flamencos, dibujo un pequeño cuello curvo. También comienzo a sugerir las alas sobre la parte superior de las patas.

3 Añado la figura descendente del cabello y los rasgos faciales. Esta sirena tiene una pequeña nariz respingona y unos labios carnosos. Dibujo las plumas del pecho y unas franjas por las alas; además, hago que la cola sea un poco más puntiaguda. Esbozo las manos y añado las enormes garras. Para representar las escamas, dibujo un patrón anular que va desde las patas hasta los pies.

4 Para hacer que resalte el suave y lustroso cuerpo, empleo un carboncillo negro de dureza media con el que le doy tono a las alas, a la cola y al cuello. Uso un cúter de bellas artes para afilar muy bien el lápiz con el que esbozo los detalles de la clavícula y del plumaje del pecho.

5 Con la punta muy afilada del lápiz de carboncillo, dibujo las ondulaciones del cabello. Sigo recurriendo a este mismo utensilio afilado para dibujar los brazos y las manos, partes del cuerpo a las que les confiero un aspecto débil y nudoso. Una vez que la punta del carboncillo se ha vuelto roma, la uso para sombrear las patas y, así, darles forma. Procuro que mis trazos sean un poco más suaves en esta zona, ya que quiero evitar que se conviertan en el centro del dibujo. Le doy tono a las garras y hago que sean más largas y curvas que antes. A continuación, sombreo ligeramente el rostro con carboncillo, y emborrono un poco el tono de las mejillas con un difuminador de colores. Oscurezco las sombras del envés de la criatura por la parte superior de las patas; después, le incorporo más variaciones tonales al cabello. Empleo un borrador de vinilo para eliminar todos los borrones. Para poder acceder a las zonas estrechas y a las esquinas, corto el borrador hasta darle una forma ahusada.

ARPÍA GRECIA

Concebida en un principio como una hermosa mujer con alas, esta criatura comenzó a representarse más adelante como un cruel y horrendo monstruo alado que propagaba enfermedades. Se lleva a las personas al inframundo, donde las tortura con sus afiladas garras.

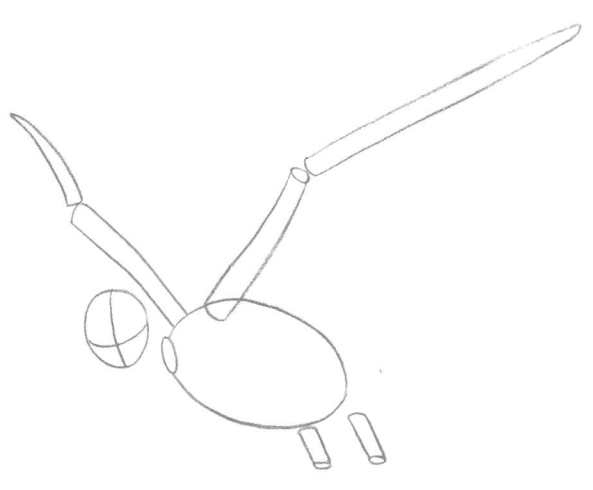

1 Uso un lápiz 2H para delimitar las figuras básicas de la criatura. Estos sencillos círculos y cilindros me ayudan a hacerme una idea de las relaciones espaciales de la masa corporal de la arpía.

2 Conecto las figuras para comenzar a desarrollar las alas, la cola y las garras. Después, añado la barbilla y el cuello. Lo importante aquí es dar con una forma verosímil de integrar las partes humanas y las animales.

3 Empleo un lápiz HB para dibujar los detalles faciales, incluidos los pómulos y las cuencas de los ojos. También añado el cabello, movido por el viento. A continuación, dibujo unas líneas curvas en las alas para iniciar el patrón de las plumas. Después, refino lo pies y las garras.

4 Me paso a un lápiz 2B para sombrear y dar forma a las alas, el rostro, el torso, la cola y las patas. Reservo los tonos más oscuros para el envés, ya que la luz procede de arriba. Uso un lápiz afilado para comenzar a detallar la textura de las patas y de los rasgos faciales; además, recurro a un borrador para quitar grafito y crear unos dientes puntiagudos.

5 Empleo un lápiz 2B para seguir las líneas por los pies y añadirle tono a las garras afiladas. Después, afilo el lápiz y le incorporo unas líneas finas y claras a las alas para, así, representar las plumas. Retomo el HB para añadir unas cuantas líneas suaves con las que determino la dirección del cabello. Por último, resalto las zonas oscuras del rostro, sobre todo las hundidas bajo los pómulos y en torno a los ojos.

GRIFO

El grifo tiene cuerpo león y cabeza de águila. Este constructor de nidos tiene una sola pareja en toda su vida, por lo que es símbolo del matrimonio y la fidelidad. Habita en Escitia (región que se reparte en la actualidad entre Ucrania, Rusia, y Kazajistán).

1 Uso un lápiz 2H para comenzar a esbozar unas sencillas figuras que sugieran el grueso del grifo. Después, le añado las líneas guía faciales horizontales y verticales.

2 Siguiendo mis líneas guía, sitúo rasgos faciales de un águila. Además, prolongo las alas y dibujo el patrón de las plumas. A continuación, encajo las zarpas y la cola del león. Una vez que estoy conforme con el dibujo, borro las líneas de construcción.

3 Valiéndome de un estilógrafo de 0,5 mm con tinta resistente al agua, repaso todo el dibujo con unas líneas limpias y firmes. Dibujo unas líneas más intensas y zonas más oscuras por la base de las zarpas; además, creo la sombra que proyecta la cola para realzar la sensación de profundidad. Cuando dibuje el patrón de las plumas, es mejor que no intente hacerlas una a una: basta con que el resultado sea verosímil. Si alguien le dice que no parece de verdad y le lleva un grifo vivo para que lo compare con su dibujo, ahí ya tendrá otro tipo de problemas.

4 Los dibujos sencillos en blanco y negro como este tienden a ser muy planos. Para remediarlo, le aplico un poco de tono a las zonas de sombra. Mezclo tinta china y agua para elaborar una aguada gris claro y la aplico con un pequeño pincel redondo. Procuro mantener el tono a lo largo del envés de las figuras corporales (donde las líneas ya son gruesas).

5 Añado una o dos gotas de tinta a la aguada antes de aplicar una última capa de sombras por los pliegues más oscuros.

KRAKEN MITOLOGÍA NÓRDICA

El *kraken* es un monstruo marino de la mitología nórdica del cual, en función de la fuente que se consulte, se dice que tiene forma de pulpo, cangrejo o calamar gigante. El *kraken* puede hundir un barco con solo sumergirse, ya que al hacerlo provoca un remolino gigante.

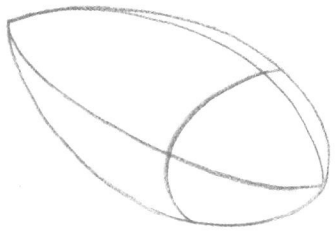

1 Empleo un lápiz 2H para dibujar una figura almendrada y unas líneas de construcción para cortarla en vertical y en horizontal.

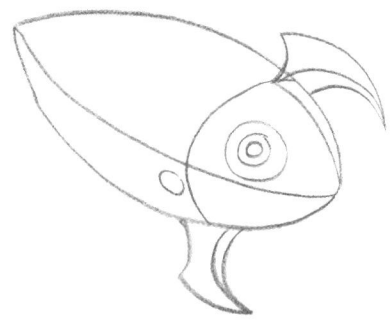

2 Encajo el ojo, el orificio auditivo y las dos protuberancias (que tienen forma de abrelatas).

3 Dibujo los tentáculos elásticos mediante unas líneas largas y fluidas.

4 Me paso a un lápiz 2B para representar los detalles faciales. Como quiero que el ojo sea un punto focal, le asigno tonos muy oscuros junto a un blanco intenso para, así, obtener una zona de gran contraste. Lo que busco es que el ojo le resulte lo suficientemente interesante al espectador como para que los tentáculos no acaparen toda la atención. Añado una suave gradación por el envés de los tentáculos y les confiero sensación de profundidad mediante las sombras proyectadas. Al igual que el globo ocular, la concha tiene una figura más sencilla que necesita un tratamiento adicional para evitar que los tentáculos la eclipsen, así que le dibujo un patrón atractivo.

5 Al dibujarle hendiduras, parece ajada y vieja y recuerda a un cerebro. Intensifico la parte de la criatura en la sombra y le incorporo unas figuras de hojas en la punta de los tentáculos.

Seres de fantasía
Banshee

En Irlanda, cuenta la leyenda que algunas familias disponían de un hada plañidera; son esas hadas las que dieron en conocerse como *banshees*. Al margen de los funerales, escuchar el lamento de una *banshee* augura una muerte en la familia, y ver a una presagia la propia muerte.

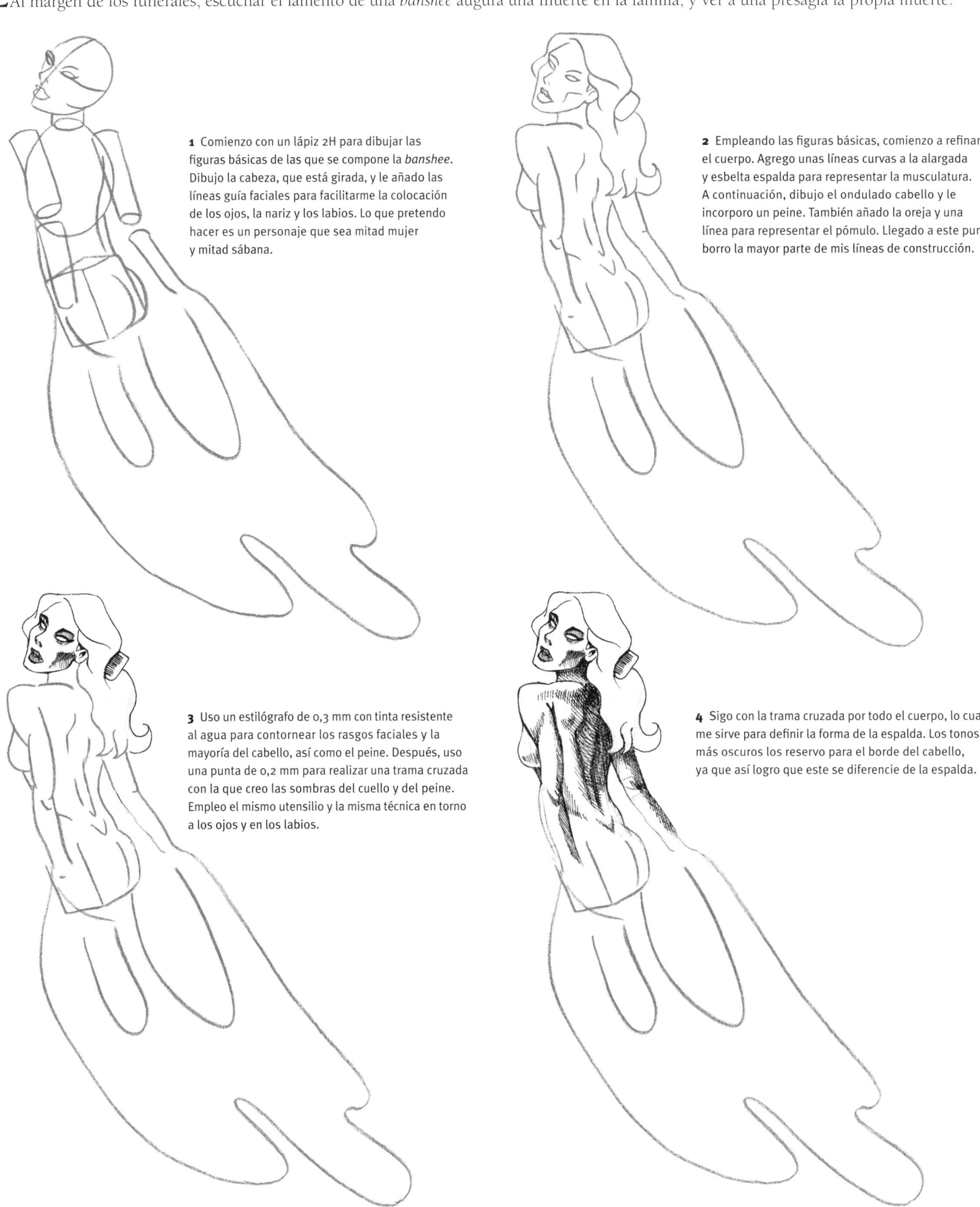

1 Comienzo con un lápiz 2H para dibujar las figuras básicas de las que se compone la *banshee*. Dibujo la cabeza, que está girada, y le añado las líneas guía faciales para facilitarme la colocación de los ojos, la nariz y los labios. Lo que pretendo hacer es un personaje que sea mitad mujer y mitad sábana.

2 Empleando las figuras básicas, comienzo a refinar el cuerpo. Agrego unas líneas curvas a la alargada y esbelta espalda para representar la musculatura. A continuación, dibujo el ondulado cabello y le incorporo un peine. También añado la oreja y una línea para representar el pómulo. Llegado a este punto, borro la mayor parte de mis líneas de construcción.

3 Uso un estilógrafo de 0,3 mm con tinta resistente al agua para contornear los rasgos faciales y la mayoría del cabello, así como el peine. Después, uso una punta de 0,2 mm para realizar una trama cruzada con la que creo las sombras del cuello y del peine. Empleo el mismo utensilio y la misma técnica en torno a los ojos y en los labios.

4 Sigo con la trama cruzada por todo el cuerpo, lo cual me sirve para definir la forma de la espalda. Los tonos más oscuros los reservo para el borde del cabello, ya que así logro que este se diferencie de la espalda.

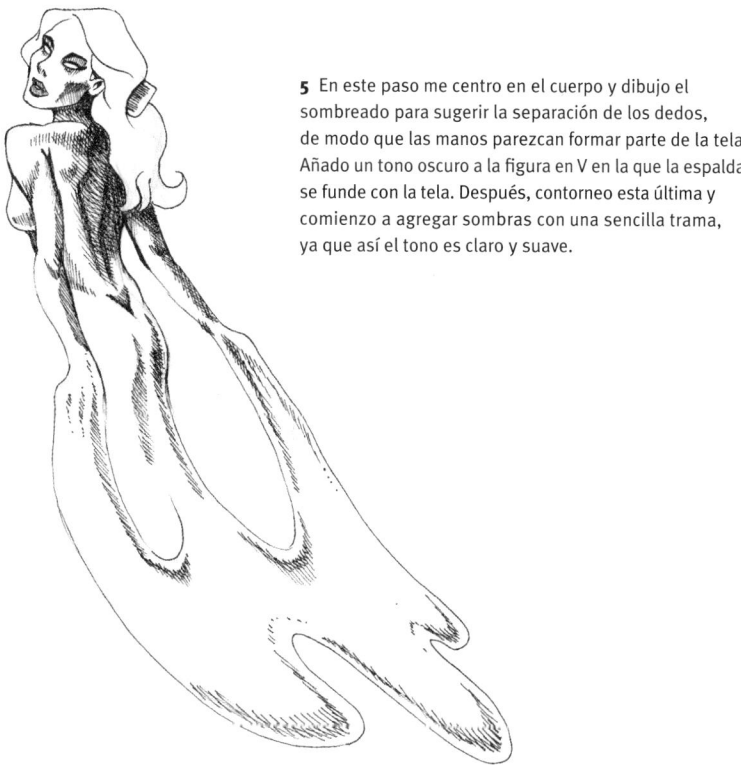

5 En este paso me centro en el cuerpo y dibujo el sombreado para sugerir la separación de los dedos, de modo que las manos parezcan formar parte de la tela. Añado un tono oscuro a la figura en V en la que la espalda se funde con la tela. Después, contorneo esta última y comienzo a agregar sombras con una sencilla trama, ya que así el tono es claro y suave.

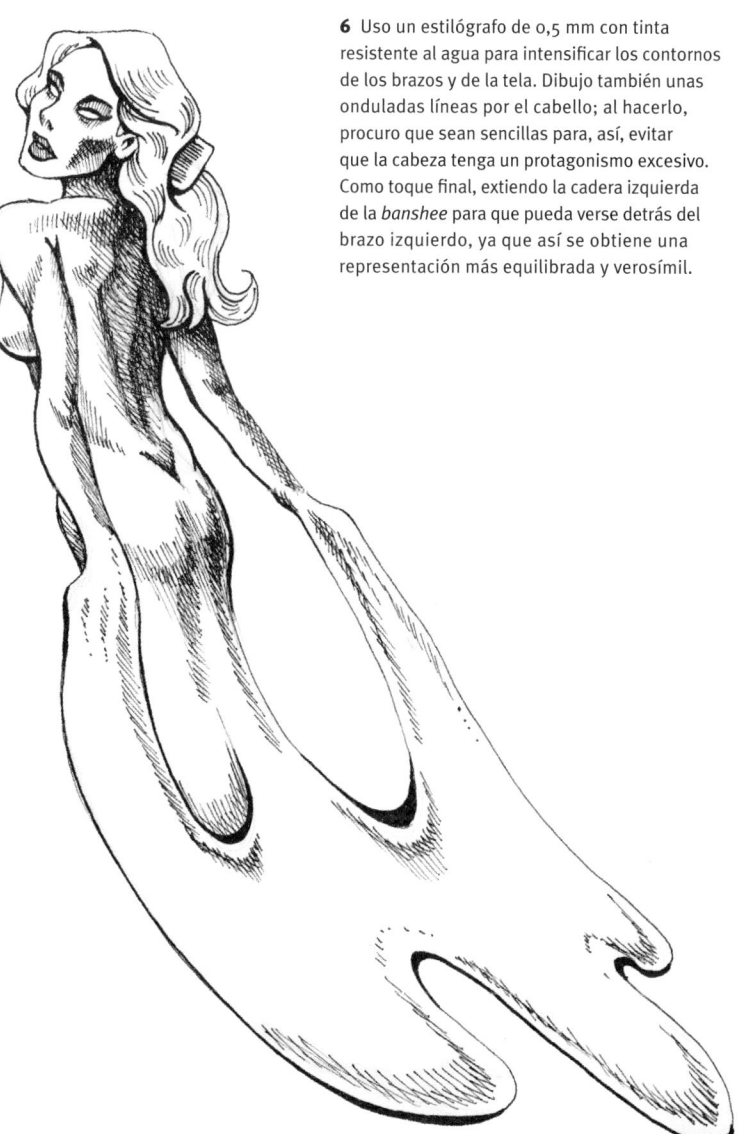

6 Uso un estilógrafo de 0,5 mm con tinta resistente al agua para intensificar los contornos de los brazos y de la tela. Dibujo también unas onduladas líneas por el cabello; al hacerlo, procuro que sean sencillas para, así, evitar que la cabeza tenga un protagonismo excesivo. Como toque final, extiendo la cadera izquierda de la *banshee* para que pueda verse detrás del brazo izquierdo, ya que así se obtiene una representación más equilibrada y verosímil.

Ogro

El ogro es una criatura cruel y monstruosa. Es una bestia que se alimenta de carne humana y que puede convertirse en un animal o en un objeto a su antojo. El ogro, un ser grande pero no tan alto como un gigante, suele representarse con un cuerpo musculoso, mucho vello y un vientre enorme.

1 Lo primero que hago es dibujar con un lápiz 2H unas grandes figuras redondeadas para representar el cuerpo y las extremidades. Como lo que quiero es que mi ogro sea una criatura fuerte y enorme, mis líneas de construcción lo reflejan. Añado unas líneas guía faciales al rostro para indicar una vista de tres cuartos.

2 A continuación, comienzo a transformar los círculos del paso 1 en unas formas más refinadas con las que representar los brazos, las manos y el torso. Sugiero la musculatura mediante unas líneas curvas y, además, hago que las manos sean más grandes que la cabeza para, así, sugerir el enorme tamaño del ogro.

3 Tras crear la angulosa figura de la cabeza, dibujo los rasgos, que han de caber en la pequeña zona reservada para la cabeza. Hago que la boca ocupe buena parte del rostro, con lo que hago que el ogro parezca furioso. Añado también una mata de cabello desgreñado en los laterales de la cabeza y en la barbilla, mientras que no dibujo nada de pelo en la parte de arriba del cráneo y le lleno la frente de pliegues.

4 Dibujo una espada gigante con varias mellas, a la que le incorporo un mango estriado que coloco en la mano derecha del ogro. También añado una pulsera con tachuelas en el brazo izquierdo del ogro; al hacerlo, dibujo dichas tachuelas sobre unas líneas verticales curvas que reflejan la redondez del brazo.

5 Después, refino la pierna derecha del ogro, paso durante el cual conservo la redondez de la abultada pantorrilla. Empleo un borrador de vinilo para eliminar todas las líneas de construcción que quedan.

6 Dibujo una rodillera con un pincho en la rodilla derecha del gigante. La rodillera parece el caparazón de una tortuga, y el pincho me recuerda a un cuerno de rinoceronte con facetas.

7 Añado unas cuantas líneas por el pecho y la pierna para que me ayuden a definir la forma; a continuación, para refinar el pie que se ve, le añado unas enormes uñas y una sandalia con tachuelas. También desarrollo el taparrabos ajado. Agrego un círculo en la punta del mango de la espada e incorporo más tachuelas. Procuro no sobrecargar de adornos la espada, ya que podría restarle protagonismo al personaje, que es lo que debe llamar más la atención.

8 En este paso, me dedico a añadir tonos. Uso un lápiz 2B para encargarme de una zona pequeña (como el puño, el rostro o la espada) y la completo antes de pasar a la siguiente sección. Proceder de esta forma me ayuda a no emborronar nada. Le añado unas pronunciadas líneas al cabello y le dibujo unos mechones de pelo a la parte superior de la cabeza, la cual no tiene más pelo que este. También sombreo el pulgar que se ve, al que confiero unos bordes oscuros y toscos.

9 Sigo sombreando el cuerpo, durante lo cual reservo las sombras más oscuras para la zona central del personaje, sobre todo en torno a los bordes del taparrabos. Sombreo el pincho de la rodilla y le doy textura a esta, a la que le dibujo un patrón de concha y un borde estriado. Por último, le doy tono a la sandalia y a la muñequera, sombreando en torno a las tachuelas para hacer que resalten. Por último, sombreo las uñas de los pies de modo que la del dedo gordo se vea agrietada.

ETTIN

El *ettin* es un gran ser humanoide que suele contar con dos o tres cabezas. Es una criatura gigantesca e impredecible. Violento, de mirada aguda y alerta, el *ettin* es un excelente cazador.

1 Uso un lápiz 2H para dibujar un gran torso con unas líneas guía que recorren la parte delantera del torso a lo largo y a lo ancho. Después, añado dos círculos para las cabezas y uno una de ellas a la gran figura del torso.

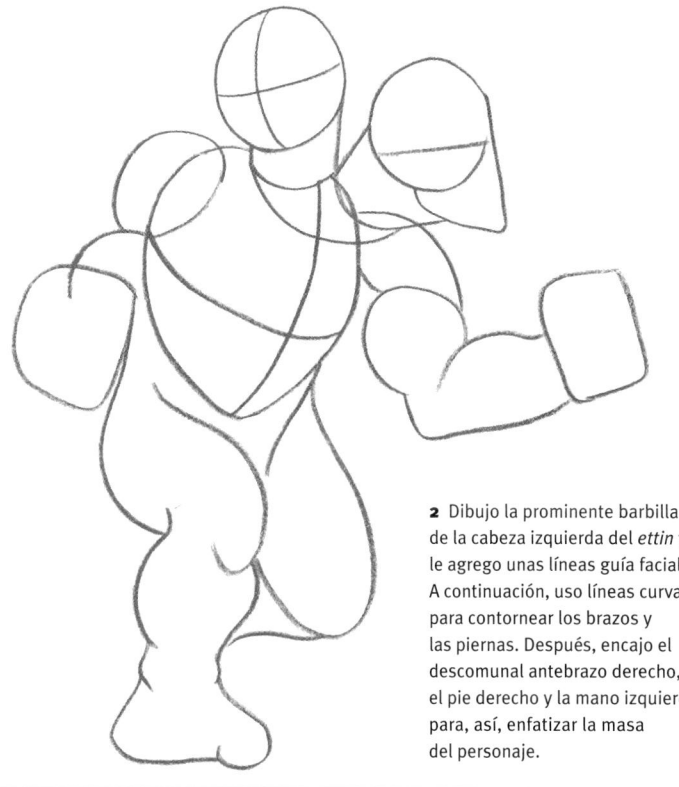

2 Dibujo la prominente barbilla de la cabeza izquierda del *ettin* y le agrego unas líneas guía faciales. A continuación, uso líneas curvas para contornear los brazos y las piernas. Después, encajo el descomunal antebrazo derecho, el pie derecho y la mano izquierda para, así, enfatizar la masa del personaje.

3 Pasándome a un lápiz HB, comienzo a refinar la mano izquierda y el pie derecho de la criatura. A continuación, uso unas líneas onduladas para contornear la porra que blande. Agrego la forma de un malvavisco delante del torso para sugerir el puño derecho del *ettin*.

4 Conecto esta figura con las que componen el antebrazo derecho de la bestia. Borro las líneas de construcción y añado unos cuantos pliegues más para dejar ver que el brazo se flexiona. Después, incorporo un chaleco y unos pantalones, los cuales lleva atados con una cuerda. Para sugerir dicha cuerda, dibujo unos pequeños semicírculos.

5 Tras borrar varias de las líneas de construcción, añado los rasgos faciales y refino el puño derecho cerrado del *ettin*. Creo unos cuellos gruesos y abultados y dibujo unas cejas tupidas y fruncidas.

6 Añado el cabello y lo dibujo recogido con un nudo por arriba. Dibujo las deshilachadas perneras del pantalón y luego le confiero a la porra textura de madera mediante unas líneas onduladas, añadiendo un nudo ovalado para reforzar la sensación de madera.

7 Uso un lápiz 2B para resaltar los detalles de los rostros. Relleno los iris y las pupilas, a las que les dejo una luz blanca. Después, sombreo ambas cabezas para darles forma. Añado también un diente que sobresale de la boca cerrada de la cabeza izquierda.

8 Sombreo el resto de cuerpo, durante lo cual creo las zonas de tono más oscuro dentro del chaleco y entre las rajas de los pantalones. También sombreo la porra, para lo cual me centro en las sombras que hay sobre el puño y debajo de este. Por último, le doy tono al cabello y realizo una trama para representar las sombras que hay debajo de cada dedo de los pies.

Gnomo

Los gnomos, criaturas pequeñas semejantes a enanos, viven bajo tierra, donde custodian sus tesoros. Según el mito, los gnomos también son custodios de conocimientos secretos, de ahí su nombre, que procede de la palabra griega *gnosis*, que significa «conocimiento».

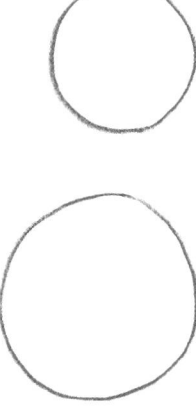

1 Uso un lápiz 2H para dibujar dos círculos para la cabeza y el torso del gnomo.

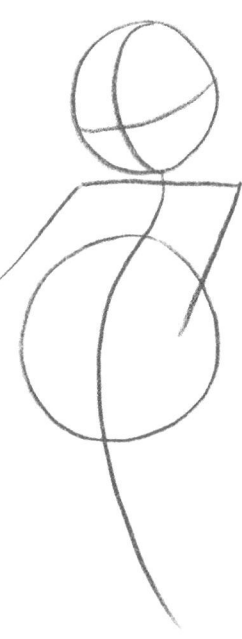

2 Indico las líneas guía faciales y dibujo una línea que recorra el cuerpo para, así, sugerir su curvatura. Dibujo unas cuantas líneas más para delimitar la posición de los brazos y de los hombros.

3 Basándome en las líneas guía, añado los ojos redondos, una nariz ancha y la boca un tanto fruncida. A continuación, dibujo las pequeñas orejas y toda la barba, para lo cual rompo la línea que recorre la mejilla izquierda del gnomo. También le dibujo unas cejas gruesas y sugiero la línea del gorro por la frente. Luego añado una trama muy leve sobre la línea del gorro y en el interior de la barba para obtener unas sombras sutiles.

4 Cuando dibujo el gorro cónico, hago que se le doble por la punta. Procuro que la base del sombrero sea redonda para, así, sugerir la figura de la cabeza que cubre. Siguiendo mis líneas guía, dibujo los hombros y los brazos cruzados del gnomo.

5 Extiendo la chaqueta por las caderas y hacia las piernas, curvando las líneas para que sigan los abultados contornos del gnomo. Luego, dibujo las piernas, agregando líneas cerca de los tobillos para indicar los pliegues de la tela arrebujada.

6 Tras crear una sutil trama por el gorro, los brazos, la chaqueta y los pantalones, les añado rayas a estos últimos y dibujo los bolsillos, el parche del codo y las solapas de la chaqueta. Las rayas del pantalón se curvan en la zona arrebujada de los tobillos.

7 Incorporo unos enormes zuecos de madera para completar la imagen del gnomo. También en este caso empleo una sutil trama para definir la forma.

8 Con un estilógrafo de 0,2 mm, repaso todas las líneas hechas a lápiz. Una vez que se seca la tinta, paso un borrador artístico por el dibujo. Luego, con una punta de 0,5 mm, vuelvo a trazar las líneas del contorno exterior del personaje y la trama para conferirle un aspecto más dinámico. También en este caso borro las líneas de lápiz una vez que la tinta se ha secado.

TRASGO

Este tipo de gnomo es una pequeña criatura que resulta juguetona a la vez que malvada. Entre sus maldades se incluye la inoculación de pesadillas en los oídos de los humanos y el secuestro de mujeres y niños. La risa del trasgo agria la leche; su sonrisa coagula la sangre.

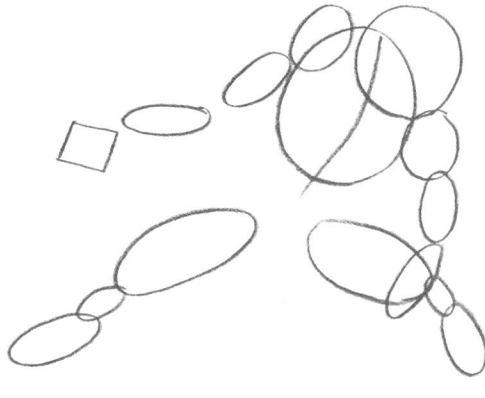

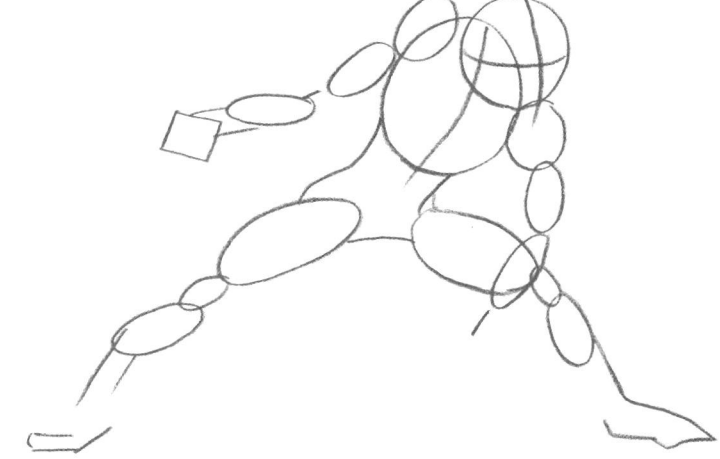

1 Empleo una serie de círculos y óvalos para esbozar la postura básica del trasgo. La curva que recorre el torso será la línea de acción, que es la que delimita el impulso principal del movimiento. En este caso, la línea indica que el personaje está inclinado hacia delante.

2 Conecto los círculos y los óvalos con unas líneas para, así, crear una estructura más completa. Después, añado las líneas guía faciales de la cabeza.

3 Siguiendo mis líneas guía, sitúo los ojos y la nariz. Empleo un lápiz 2B para crear estos detalles y voy eliminando las líneas de construcción mientras dibujo.

4 Para acabar de desarrollar la cabeza, le añado la prominente barbilla, unas orejas puntiagudas y un casco con tachuelas. Además, sugiero el labio fruncido, dos dientes afilados y unas gruesas cejas. Después, dibujo unos pequeños puntos y unos cuantos pelos por el lado derecho de la cabeza.

5 Comienzo a refinar las figuras de los brazos y de la mano derecha del trasgo, que está cerrada. Mientras dibujo, voy borrando las líneas de construcción que ya no necesito. Sugiero la musculatura del torso con unas líneas curvas. A continuación, agrego la tela andrajosa que cubre la cintura de la criatura. Estos trazos cortos y dentados generan un interesante contraste con las largas y finas líneas del resto del cuerpo del trasgo.

6 Completo el raído taparrabos y refino el resto del brazo y la mano derechos. Incorporo las largas y afiladas uñas de la mano derecha y dibujo el mango del arma del trasgo.

7 Para dibujar las piernas delgadas y los pies descalzos, me baso en los círculos que construí. Empleo unas líneas curvas para sugerir los músculos de las piernas. Después, comienzo a dibujar la cabeza del hacha, la cual tiene una mella que recuerda al raído ropaje del trasgo.

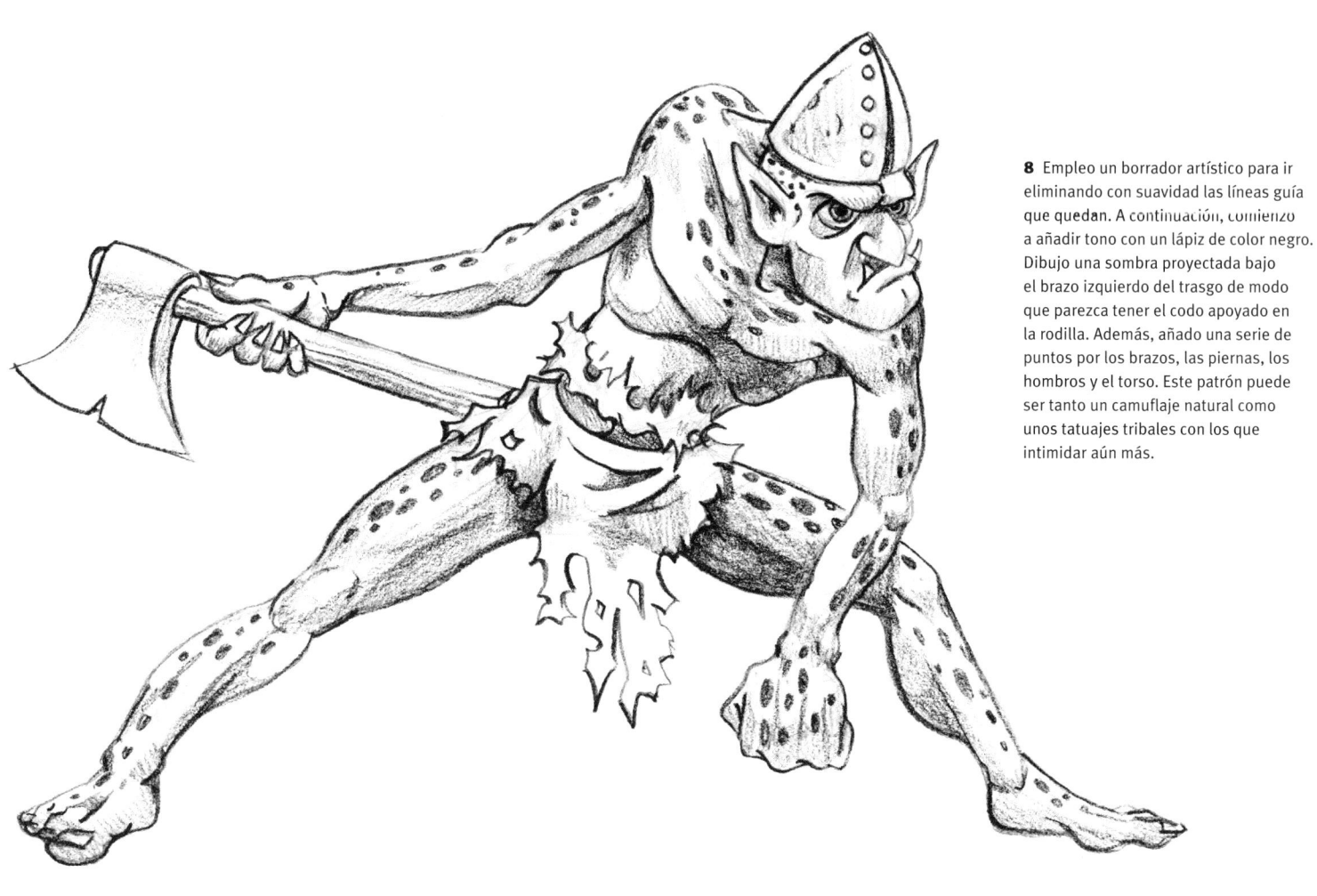

8 Empleo un borrador artístico para ir eliminando con suavidad las líneas guía que quedan. A continuación, comienzo a añadir tono con un lápiz de color negro. Dibujo una sombra proyectada bajo el brazo izquierdo del trasgo de modo que parezca tener el codo apoyado en la rodilla. Además, añado una serie de puntos por los brazos, las piernas, los hombros y el torso. Este patrón puede ser tanto un camuflaje natural como unos tatuajes tribales con los que intimidar aún más.

GÁRGOLA

En arquitectura, las gárgolas son desagües tallados que desalojan el agua de los tejados. Los grotescos rasgos de las gárgolas alejan a los espíritus malignos. En la ficción moderna, las gárgolas son humanoides alados con características semejantes a las de las figuras de piedra.

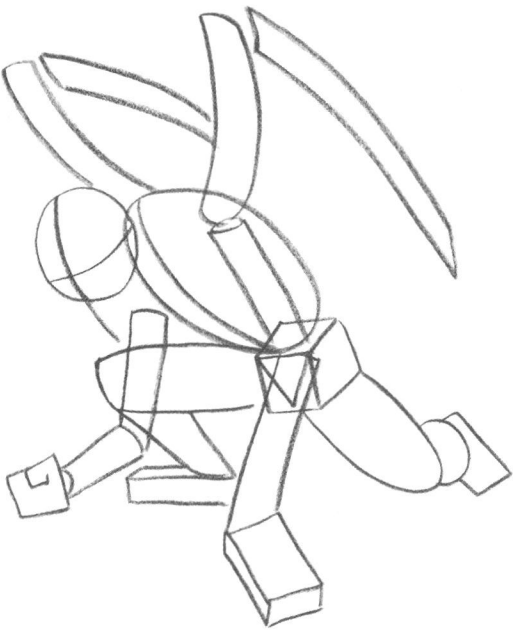

1 Con un lápiz 2H, delimito la postura del personaje. Comienzo con la estructura básica de un hombre agachado realizada con círculos, óvalos, cilindros y hexaedros. Le añado también una línea guía central curva para el rostro.

2 Utilizo unas sencillas figuras para contornear los huesos de las alas y el brazo izquierdo. Hago que la mano izquierda parezca enorme en comparación con la derecha. Se trata de otro ejemplo de escorzo. A continuación, dibujo la línea guía vertical del rostro, que extiendo hasta que casi llega a la rodilla que está bajo la cabeza.

3 Uso un lápiz HB para dibujar los detalles de las alas, incluidos su festoneado y el pincho que tiene cada una en la punta.

4 En este paso, refino la figura de la cabeza, para lo cual extiendo la barbilla hasta el final de la línea guía vertical. Dibujo la puntiaguda oreja y el pómulo hundido; también me encargo de los ojos, la nariz y la boca abierta. Después, le agrego unos afilados colmillos y borro las líneas guía que ya no necesito.

5 Le incorporo a la frente unos cuernos que recuerdan a los pinchos de las alas. Refino la figura del pecho y de la espalda, para lo cual añado unas líneas curvas con las que sugiero dos pequeñas jorobas. A continuación, dibujo un patrón de escamas por el cuello, la espalda y las alas; tras esto, lo aplico también por los brazos.

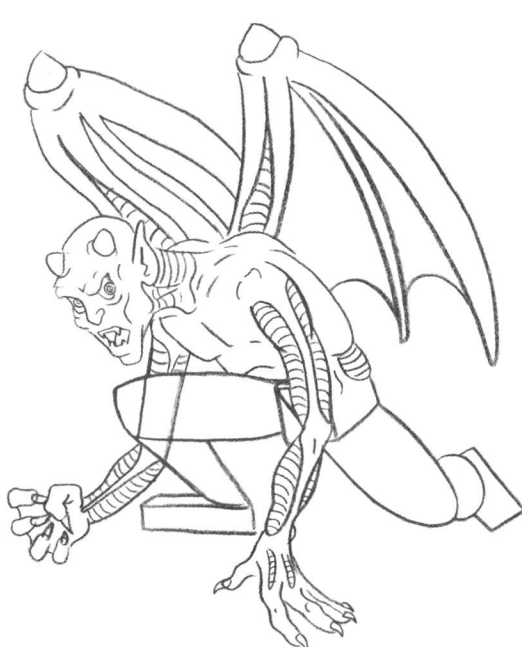

6 Prosigo con este patrón por el brazo derecho de la criatura, donde evito la zona que quedará tapada por la pierna. Después, dibujo las largas manos en forma de garra, momento en el cual hago que los dedos de la mano derecha se contraigan y apunten a la palma. También dibujo las largas y afiladas uñas.

7 Refino los contornos de las piernas y les añado escamas tal y como se indica en la imagen. Mientras dibujo, voy borrando mis líneas de construcción. Refino los pies y les añado escamas y una afilada garra a cada uno. Estas garras son lo que le permite a la gárgola trepar por los edificios.

8 Quiero darle a la gárgola un tono oscuro que se corresponda con su aspecto maligno, por lo que empleo un lápiz de color negro para oscurecer con intensidad las partes más hundidas del personaje, como las cuencas de los ojos y el interior de la boca. Sombreo levemente el resto del cuerpo y las alas, sobre cuya fina piel sugiero unas claras venas. Aplico una capa adicional de sombreado en las zonas con escamas para, así, diferenciarlas del resto del cuerpo. Agrego también un tono oscuro en la zona central del torso en la que el brazo izquierdo de la gárgola proyecta una sombra.

PIXIE

Los *pixies* son unas criaturas diminutas que rara vez miden más de unos centímetros. Aficionados a robarles las pertenencias a las personas y a tirarles objetos, los *pixies* son unos bromistas a los que les gusta jugar. Sin embargo, cuando hay una recompensa al alcance, también son capaces de trabajar duro.

1 Encajo la forma básica de este *pixie* con óvalos y hexaedros dibujados con un lápiz 2H. Procuro colocar las piernas de modo que parezcan estar flotando en el aire. Después, dibujo una X grande tras el *pixie* para ubicar las alas.

2 Me paso a un lápiz 2B para dibujar un cráneo un tanto ancho. Al representar la cabeza más grande, hago que el personaje sea más infantil, lo cual es un rasgo deseable a la hora de dibujar *pixies* (incluso uno adulto, como el que estoy dibujando). Huelga decir que le doy a mi personaje un «corte de pelo *pixie*», unos ojos almendrados y una oreja puntiaguda.

3 Tras completar la nariz de botón y los carnosos labios, me dispongo a ocuparme de la delicadeza del cuello y de los hombros. Decido añadirle un traje con los hombros al aire para, así, enfatizar las elegantes líneas de estas partes del cuerpo. Después, refino las figuras de los brazos y de la mano izquierda y dibujo una serie de pulseras en cada muñeca.

4 Refino la mano derecha del personaje y le agrego el mango de una varita mágica. Guiándome por mis líneas de construcción, dibujo las redondeadas figuras de las largas y delicadas alas.

5 Refino la parte inferior de las piernas e incorporo unas zapatillas de bailarina anudadas por las pantorrillas. Al ir dibujando, modifico un poco la pierna izquierda de modo que se vea menos de la parte inferior de esta. Con esta nueva postura, logro que el *pixie* parezca estar flotando, no corriendo.

6 Al centrarme en el vestido, dibujo las holgadas hombreras que dejan los hombros al aire, el corpiño y la falda con volantes mientras voy borrando mis líneas de construcción. Dibujo una línea de X por el centro del corpiño para sugerir el encaje. A continuación, incorporo los pliegues de la parte superior de las piernas para sugerir la musculatura.

7 Tras limpiar parte de mis trazos preliminares con un borrador de vinilo, le añado una estrella a la punta de la varita mágica.

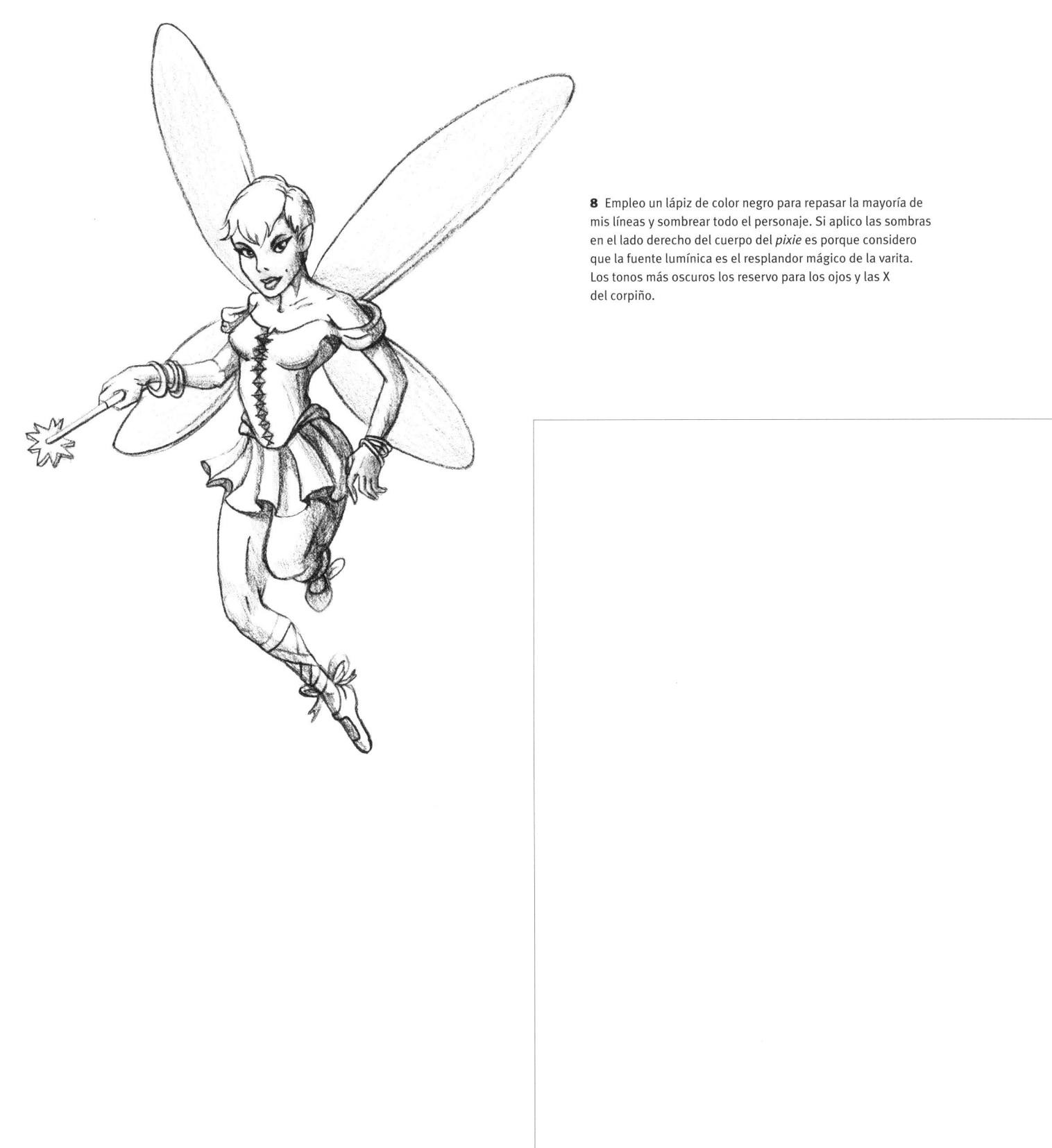

8 Empleo un lápiz de color negro para repasar la mayoría de mis líneas y sombrear todo el personaje. Si aplico las sombras en el lado derecho del cuerpo del *pixie* es porque considero que la fuente lumínica es el resplandor mágico de la varita. Los tonos más oscuros los reservo para los ojos y las X del corpiño.

HÉROES

JOVEN HEROÍNA

Los déspotas malvados subestiman el poder de los niños para desbaratar sus planes a su propio riesgo. Existen un sinfín de filmes, libros y cómics que atestiguan esta misma circunstancia, y no me corresponde a mí, nada más que un hombre, contradecir a estos cientos (posiblemente miles) de narradores. Dicen que la personalidad del ser humano está casi conformada por completo a los cuatro o cinco años de edad, por lo que es lógico que si se acorrala a un niño de diez años, este no blanda una espada para defender lo que considere correcto; pero si se trata de un héroe de esta misma edad, sí que lo hará. Quiero crear un niño de un tamaño y una fuerza limitados, pero que sea un héroe en cuanto a la personalidad e implicación con la acción.

Bocetos conceptuales Mi primera inclinación fue la de representar una postura en la que el héroe está de pie con un arma o con los brazos en jarras, pero se me ocurrió la pose de ataque y decidí optar por ella. Me sirve para transmitir la ferocidad del personaje y su diminuto tamaño en comparación con el arma.

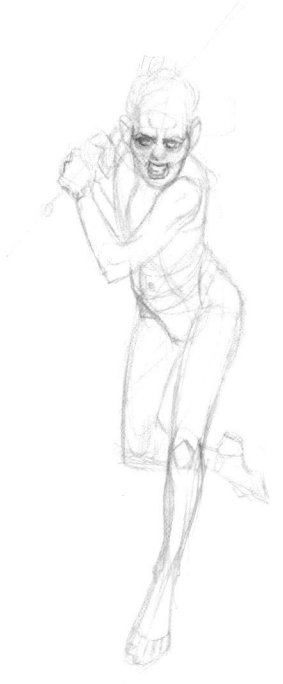

1 Esbozo ligeramente la postura de ataque con un lápiz 2H; al hacerlo, tengo en cuenta que he de usar las proporciones de un niño para que el personaje no parezca un adulto. Además, decido que se tratará de un personaje femenino.

2 Comienzo a añadir las formas básicas, para lo cual dibujo una línea central en el torso con la que reflejo la torsión del cuerpo. La cabeza de los niños es proporcionalmente más grande que la de los adultos, y el resto de las formas son menos llamativas y de menor tamaño. Observo que la musculatura, más pequeña, influye en las formas del cuerpo.

3 Al concretar la anatomía, observo las principales formas y sugiero los planos del cráneo para, así, desarrollar la expresión facial.

5 Empleo una regla para trazar la línea central de la espada y, a continuación, desarrollo las demás líneas del arma desde la hoja hasta la guarda, la empuñadura y el pomo. Quiero que la espada sea grande en comparación con la chica, pero no tan pesada como para que no pueda levantarla. También experimento con el flujo del cabello y con la interacción que se establece entre la parte superior de la blusa y la cabeza.

4 Una vez que me he familiarizado con la anatomía subyacente, comienzo a esbozar el ropaje. Como quiero que el personaje tenga aspecto de campesina, opto por un sencillo vestido, unas botas suaves y, tal vez, un delantal. Además, como toque adicional, también bosquejo un gorro que ha salido despedido detrás de la cabeza. Después, desarrollo aún más el rostro e intento captar mejor su personalidad.

6 En este paso, comienzo a trazar las líneas definitivas con un 2B; además, relleno las sombras y localizo los bordes de las formas. Al ir descendiendo por el personaje hacia las botas, dibujo ligeramente las tiras cruzadas de estas antes de aplicar una mayor presión en el lápiz para definir los bordes. Además, esbozo una sombra proyectada en el suelo.

7 Tras rematar los principales contornos, empleo el lateral del 2H para crear grandes zonas de sombra y tono que me ayudan a dar cuerpo a las formas. A continuación, paso por el resto del personaje y contorneo las demás formas.

8 Tras haber repasado todo el personaje, borro algunas zonas para, así, resaltar la forma; además, empleo el 2B para añadirle sombras más profundas a otras zonas. Tenga en cuenta que, cuantas más líneas le aplique a un rostro, más viejo y feo parecerá el personaje, cosa que sucede tanto en niños como en adultos. Borro la mayor parte de la estructura de la cara que había desarrollado con anterioridad y la redibujo para que parezca más joven. Por último, le confiero tono a la sombra proyectada y dibujo unos pequeños trozos de tierra en torno al pie para indicar que está levantando polvo a su paso.

DRUIDA

Los druidas de los juegos de rol y de la ficción de fantasía distan mucho de sus homónimos históricos. Por la poca evidencia de la que disponemos, sabemos que los druidas históricos fueron eruditos que adoraban la naturaleza y los movimientos de los objetos celestes. En el ámbito de la fantasía, los druidas son más bien hechiceros de la naturaleza: obtienen un poder sobrenatural de ella y pueden manipular los organismos vegetales y hablar con los animales. Me imagino que el alejamiento de la vida urbana y el pasar tiempo en la naturaleza darían lugar a un carácter de monje o ermitaño, por lo que parto de esta idea para elaborar mis miniaturas.

Bocetos conceptuales Lo que busco es una postura mística pero relajada y cómoda. Aún no tengo claro si prefiero un personaje masculino o femenino.

1 Amplío la miniatura que más me gusta y uso un lápiz 2H para reproducirla en papel brístol. Tenga en cuenta que no tiene por qué ceñirse a la miniatura, sino que basta con usarla a modo de referencia al dibujar.

2 Delimito ligeramente las formas básicas y la anatomía. Al final, me he decantado por un personaje masculino de gran tamaño. Como estará tapado casi por completo por una túnica, la delimito mediante unas formas básicas.

3 Uso el lateral del lápiz 2H para desarrollar la ropa un poco más; al hacerlo, procuro que esta se adapte al personaje. También experimento con algunos accesorios, tales como el cayado del pastor y paquetes, bolsas y joyas. Como la cabeza era muy pequeña, la agrando y delimito las formas del cráneo para desarrollar la expresión facial.

4 Tras obtener una expresión facial que me gusta, vuelvo a la ropa y desarrollo en profundidad las formas y los detalles. Al dibujar las arrugas y los pliegues de la tela, recuerde que se comprimen a medida que las formas se alejan. Decido que, en lugar de un cayado de pastor, debe tener un bastón «vivo» cubierto de vegetación.

5 En este paso, comienzo a trazar las líneas definitivas con un 2B, para lo cual contorneo los bordes y busco los cambios de plano y las texturas. La manga más cercana al espectador se define por la tela que cuelga del gran hombro redondo y que se recoge en la curva del codo.

6 Paso por el resto del personaje, sobre todo para contornear las formas y crear texturas y sombras. Además, en la mano derecha le dibujo una planta que se curva hacia el sol. Antes de encargarme de las texturas definitivas, paso el borrador moldeable por la zona para que las líneas definitivas resalten con más fuerza.

7 Al trazar las líneas definitivas de la ropa, no pierdo de vista las formas de debajo. Observe que la capucha se ajusta a la figura de la cabeza y que, luego, se afloja a medida que desciende. Aunque el personaje tiene el rostro regordete, las formas se ajustan a la estructura del cráneo. Consulte materiales de referencia para ver cómo cuelga la grasa y cómo aprieta la tela.

8 Acabo de contornear y retomo el lateral del 2H para añadir un poco de tono para intensificar la profundidad y añadir textura.

DROW

La rama cavernícola de la raza de los elfos se conoce como *drow*. A estas criaturas a veces se las considera la contrapartida malvada de la variedad arborícola, que es más benévola. Según algunos relatos, los *drow*, también conocidos como «elfos oscuros», fueron otrora de la misma raza que los demás elfos, pero se corrompieron por la adoración a un dios malvado, la magia negra o alguna otra fuerza maligna o impura. Como pasan la vida bajo tierra, se les suele representar vestidos de negro con la piel y el pelo blancos, lo que es probable que no ayude a mitigar el estereotipo de malvados.

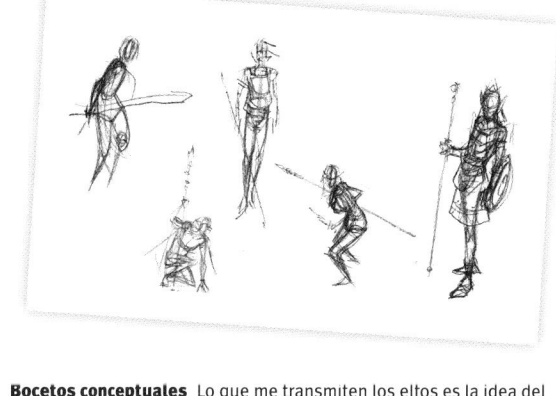

Bocetos conceptuales Lo que me transmiten los elfos es la idea del movimiento felino: gráciles y, a veces, intimidantes.

1 Esbozo levemente la postura con un lápiz 2H. Se me ocurre hacer una postura en la que pareciera que el personaje acabara de notar algo que le haya hecho detenerse y girarse.

2 Como me parece que esta postura peca de convencional, al añadir las formas básicas la exagero para que el *drow* parezca menos humano y más animal. Ponerlo de puntillas me ayuda en este sentido.

3 Como quiero que esté expuesta la mayor parte de la anatomía, pongo cuidado extra en su desarrollo. También me tomo mi tiempo para experimentar con el rostro, el cabello y la ropa. En cuanto al ropaje, evoco la idea de criaturas nocturnas que habitan en cuevas, como cuervos, murciélagos y arañas. Las orejas, por ejemplo, asumen el aspecto de las de un murciélago.

4 Al concretar la ropa, sigo en esta línea, con lo que le añado a la capa unas plumas como de cuervo, mientras que a la armadura y al cinturón les incorporo motivos arácnidos. Trazo una versión aproximada de la espada, que quiero que parezca tosca e inacabada, ya que su propietario es una criatura cavernícola.

5 Ahora que tengo una idea clara del personaje, me concentro en la cabeza y empiezo a trazar líneas más específicas y definitivas con un lápiz 2B; al hacerlo, tengo en cuenta la estructura del cráneo. Elaboro unas cuantas líneas en la armadura para ver qué tipo de patrones quiero desarrollar siguiendo las formas de la anatomía que hay debajo.

6 Paso por el resto del cuerpo para definir los bordes y desarrollar sombras y texturas. Empleo el lateral de un 2H para elaborar unas formas silueteadas y unas sombras intensas, tales como la de la axila y las que proyecta la cabeza.

7 Contorneo las formas y los bordes de los planos por todo el personaje, paso durante el cual tengo en mente las formas básicas y aplico sombras allí donde hace falta. Mientras tanto, voy borrando las líneas de construcción, primero con un borrador moldeable y, después, tras haber dibujado las líneas definitivas, con un grueso borrador de vinilo.

8 Por último, empleo el lateral del 2H para aplicar unos cuantos medios tonos con los que defino aún más algunas formas y hago retroceder las silueteadas, tales como la de la capa de plumas.

GUERRERA BÁRBARA

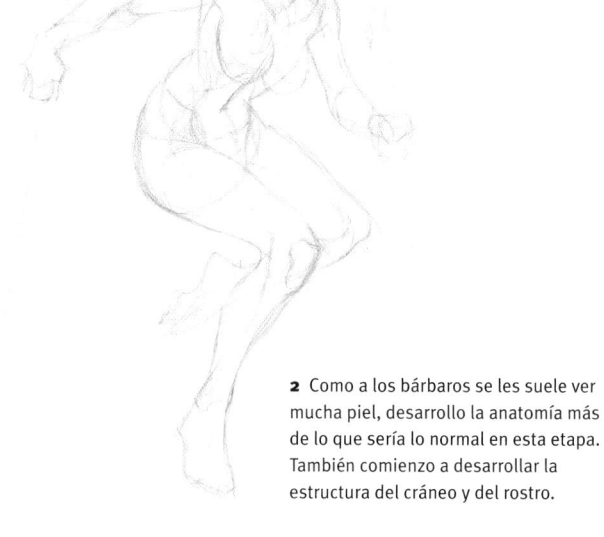

La imagen del guerrero que recorre la tundra con un taparrabos y una escasa armadura y armado hasta los dientes responde a una visión romántica de los invasores nórdicos que arrasaron Europa en el siglo v. En el ámbito de la fantasía, los bárbaros son capaces de enfrentarse por sí solos a ejércitos enteros civilizados. El personaje que vamos a crear ha de tener un aspecto salvaje y tosco y emanar un aire de poder que haga creíble su destreza guerrera.

Bocetos conceptuales Me interesa representar una postura agresiva, pero aún no he decidido el género del personaje.

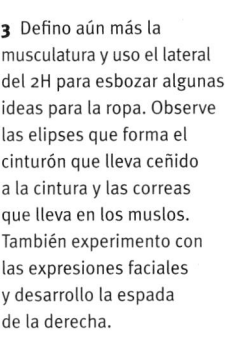

1 Aunque me gusta la postura de ataque de mis bocetos conceptuales, decido que el personaje sea femenino (no como en la miniatura). Al esbozar la postura con el lateral de un lápiz 2H, tengo en cuenta las peculiaridades anatómicas: caderas más anchas e inclinadas hacia delante, hombros más estrechos y piernas más femeninas. Después, sin dejar de recurrir al lateral del 2H, dibujo las formas básicas y los principales puntos anatómicos. Desarrollo las espadas y un poco del cabello; además, comienzo a experimentar con la ropa.

2 Como a los bárbaros se les suele ver mucha piel, desarrollo la anatomía más de lo que sería lo normal en esta etapa. También comienzo a desarrollar la estructura del cráneo y del rostro.

3 Defino aún más la musculatura y uso el lateral del 2H para esbozar algunas ideas para la ropa. Observe las elipses que forma el cinturón que lleva ceñido a la cintura y las correas que lleva en los muslos. También experimento con las expresiones faciales y desarrollo la espada de la derecha.

4 Ahora sí que me gusta la expresión que he logrado: los ojos están más separados y la boca está más cerca de la nariz, lo que me permite elaborar una barbilla más definida. Los rostros de las mujeres y de los niños pueden ser complicados, así que es de suma importancia comprender la estructura del cráneo, ya que, de esta manera, se puede indicar la cara con el menor número de líneas posible. Después, empleo una regla para trazar las líneas centrales de las espadas y, a continuación, contorneo el resto del ropaje.

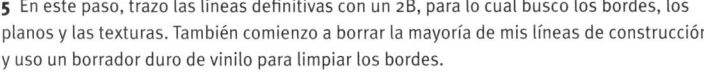

5 En este paso, trazo las líneas definitivas con un 2B, para lo cual busco los bordes, los planos y las texturas. También comienzo a borrar la mayoría de mis líneas de construcción y uso un borrador duro de vinilo para limpiar los bordes.

6 A continuación, paso por el resto del personaje para añadirle sombras y refinar la anatomía visible. Para las zonas de metal, uso el lateral del 2H, con el que realizo trazos de gran contraste; después, vuelvo al 2B para intensificar los bordes y, así, lograr un aspecto metálico. Al añadirle arrugas a la ropa, me aseguro de ceñirme a las formas que tienen debajo.

7 Para rematar las líneas definitivas, retomo el 2H y agrego más medios tonos o intensifico las sombras para, de este modo, definir más las formas.

BLUME

Título original *The Art of Drawing. Exercise Book. Myths, Dragons and Fantasy*

Edición Seline Gwinn
Concepto Petra Marion Niethammer
Traducción Antøn Antøn
Revisión de la edición en lengua española
Pere Fradera Barceló
Profesor de Diseño gráfico y Artista, Escola Massana, Barcelona
Coordinación de la edición en lengua española
Cristina Rodríguez Fischer

Primera edición en lengua española 2021
Reimpresión 2024

© 2021 Naturart, S.A. Editado por BLUME
Carrer de les Alberes, 52, 2.°, Vallvidrera
08017 Barcelona
Tel. 93 205 40 00 e-mail: info@blume.net
© 2019 Quarto Publishing Inc, Londres
© 2019 frechverlag GmbH, Stuttgart
© 2021 de las imágenes Walter Foster Publishing, Inc.
Páginas 3, 6-11, 14-100 © 2007 Michael Dobrzycki
Páginas 4-5 © Diane Cardaci
Páginas 12-13, 101-111 © 2010 Jacob Glaser
Cubierta (Místico con espada espacial) © Michael Butkus
Solapa delantera (*Sui-riu*) © William F. Powell
Contraportada (*Lindworm*) © 2011 Nathan Rohlander

ISBN: 978-84-18459-48-1

Impreso en China

WWW. BLUME.NET